FILOSOFÍA

PARA MENTES INQUIETAS

Edición de proyecto sénior Victoria Pyke
Edición de proyecto Carron Brown
Asistencia de edición Ciara Ní Éanacháin
Diseño sénior Jim Green
Diseño Daniela Boraschi y Mik Gates
Ilustración Daniela Boraschi, Mik Gates,
Jim Green y Charis Tsevis

Coordinación editorial Linda Esposito
Coordinación de arte Michael Duffy
Coordinación de publicaciones Andrew Macintyre
Dirección de publicaciones Jonathan Metcalf
Subdirección de publicaciones Liz Wheeler
Dirección de arte Phil Ormerod
Coordinación de preproducción Nikoleta Parasaki
Producción sénior Gemma Sharpe
Edición de cubierta Maud Whatley
Diseño de cubierta Mark Cavanagh

DE LA EDICIÓN EN ESPAÑOL
Coordinación editorial Cristina Sánchez Bustamante
Asistencia editorial y producción Eduard Sepúlveda

Textos de las biografías de los filósofos de Clive Gifford

Texto de la introducción (pp. 6–7) de Stephen Law

Publicado originalmente en Gran Bretaña
en 2014 por Dorling Kindersley Limited
DK, One Embassy Gardens,
8 Viaduct Gardens, London, SW11 7BW

Parte de Penguin Random House

Título original: *Heads Up Philosophy*
Quinta reimpresión 2023

Copyright © 2014 Dorling Kindersley Limited

© Traducción en español 2015 Dorling Kindersley Limited

Servidios editoriales: deleatur, s.l.
Traducción: Isabel Margelí

ISBN 978-1-4654-6086-8

Impreso en Emiratos Árabes Unidos

Para mentes curiosas
www.dkespañol.com

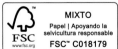

Este libro se ha impreso con papel
certificado por el Forest Stewardship
Council™ como parte del compromiso
de DK por un futuro sostenible.
Para más información, visita
www.dk.com/our-green-pledge.

FILOSOFÍA
PARA MENTES INQUIETAS

ESCRITO POR
MARCUS WEEKS

ASESOR
STEPHEN LAW

Contenido

¿Qué es el CONOCIMIENTO?

¿Qué es la REALIDAD?

¿Qué es la MENTE?

¿Qué es RAZONAR?

¿Qué está BIEN y qué está MAL?

¿Qué es la **FILOSOFÍA**?

¿POR QUÉ EXISTEN LAS COSAS? ¿QUÉ ESTÁ BIEN Y QUÉ ESTÁ MAL? ¿HAY UN DIOS? LA FILOSOFÍA SE ENFRENTA A LOS MAYORES MISTERIOS, YA QUE INTENTA COMPRENDER LA NATURALEZA FUNDAMENTAL DE LA REALIDAD, LA EXISTENCIA Y EL CONOCIMIENTO. LOS FILÓSOFOS LLEVAN SIGLOS INTENTANDO RESPONDER PREGUNTAS COMO ESTAS: LA FILOSOFÍA SURGIÓ PARA CUESTIONAR LO QUE LAS PERSONAS SOLEMOS DAR POR SENTADO.

Hay muchas cuestiones filosóficas que parecen quedar fuera del alcance de la ciencia, como las dudas morales, por ejemplo. Sin duda, los científicos pueden realizar descubrimientos moralmente significativos. Son capaces de construir armas nucleares o hacer posible que se diseñen bebés seleccionando su color de pelo o de ojos; sin embargo, la ciencia no nos puede decir si debemos utilizar o no dichas tecnologías. Por lo visto, la ciencia se ciñe estrictamente a explicarnos cómo son las cosas, mientras que la filosofía moral se ocupa de cómo *deberían* ser. Filosofar implica intentar determinar, en la medida de lo posible, qué es verdadero por medio de nuestra capacidad de razonar o nuestro pensamiento lógico. Se trata de una forma estupenda de aprender a pensar... sobre lo que sea. Además, las capacidades que requiere esta actividad te resultarán muy útiles en otros terrenos, desde exponer un argumento hasta

cerrar un negocio. Los filósofos se cuestionan también nuestras creencias. Quizá no nos demos cuenta, pero en todos nosotros habitan gran cantidad de creencias filosóficas, las cuales, por supuesto, incluyen creencias morales: muchos creen que el universo fue creado por Dios y que existe algún tipo de vida después de la muerte; otros creen lo contrario. Normalmente, las creencias nos vienen dadas por la cultura, la comunidad y las tradiciones en que estamos inmersos, pero eso no significa que no las podamos modificar. No hace tanto que la mayoría de occidentales consideraba moralmente aceptable la posesión de esclavos o la prohibición del voto femenino; hoy en día no es así. El papel de los filósofos consiste en tratar de establecer si tales creencias son verdaderas o no, y eso, a veces, los hace para algunos un poco molestos. Pero es importante plantearse estas preguntas: al fin y al cabo, las respuestas sí importan.

¿Qué hacen
LOS FILÓSOFOS?

¿CÓMO PUEDO APRENDER FILOSOFÍA?

Estudios académicos

Numerosas escuelas y universidades ofrecen estudios de filosofía con titulación oficial. En ocasiones se imparte en el marco de otras titulaciones, como ciencias políticas o económicas, teología o psicología.

Grupos de debate

El interés por la filosofía como afición va en aumento, lo que ha popularizado los grupos filosóficos, en los que personas de mentalidad similar debaten sobre filosofía en un entorno informal. Algunos centros ofrecen clases y charlas.

¿QUÉ APTITUDES AYUDA A CONSEGUIR LA FILOSOFÍA?

Claridad mental

La filosofía consiste en razonar, en utilizar el pensamiento racional. Aprender filosofía y debatir problemas filosóficos con otras personas es un buen ejercicio mental, y nos enseña a desarrollar la lógica y la agudeza.

Capacidad de exposición

El debate filosófico ayuda a desarrollar las habilidades necesarias para exponer un argumento, el cual, para ser convincente, además de ofrecer las razones de una opinión, debe presentarse de forma lógica y mediante un lenguaje inequívoco.

¿QUÉ SALIDAS LABORALES OFRECE LA FILOSOFÍA?

Derecho

Saber argumentar y conocer la filosofía moral resulta muy útil en el ámbito de la legalidad. Además de jueces y abogados, los filósofos han llegado a convertirse en mediadores y en consejeros en ética científica, médica y empresarial.

Política

Algunos filósofos han desarrollado carreras como políticos, consejeros políticos o activistas. Muchos optan por el servicio social y aconsejan a los gobiernos sobre política económica, social e internacional y cómo aplicarlas.

MUY POCAS PERSONAS SE GANAN LA VIDA COMO FILÓSOFOS A DEDICACIÓN COMPLETA, YA SEA ESCRIBIENDO LIBROS O DANDO CLASES E INVESTIGANDO EN UNIVERSIDADES. NO OBSTANTE, ESTUDIAR FILOSOFÍA AYUDA A DESARROLLAR HABILIDADES QUE SON ÚTILES EN DISTINTOS TRABAJOS, Y LOS FILÓSOFOS PUEDEN ORIENTAR SU CARRERA HACIA DIVERSOS ÁMBITOS. ADEMÁS, MUCHAS PERSONAS DISFRUTAN DE LA FILOSOFÍA POR SÍ MISMA, COMO AFICIÓN.

Hay algunas revistas de filosofía que están dirigidas al público general, y suelen adquirirse a través de una subscripción, no en los quioscos. También las hay digitales, además de existir toda una serie de blogs sobre filosofía.

Revistas y blogs

En cuanto decidas aprender filosofía, te entrarán ganas de ir a la biblioteca o a la librería en busca de obras escritas por filósofos. Hay además diccionarios y enciclopedias sobre filosofía, algunos de los cuales se pueden consultar en línea.

Libros

Una capacidad esencial del filósofo consiste en reconocer los puntos fuertes y los débiles de un argumento. A menudo, esto implica estudiar los distintos puntos de vista para hallar el punto intermedio entre dos opiniones contrarias.

Mediación y negociación

La lógica en particular nos enseña a desarrollar el pensamiento práctico, con técnicas que ayudan a tomar decisiones racionales. Es una habilidad útil a la hora de abordar tareas sistemática y metódicamente y organizar y planificar soluciones.

Resolución de problemas

La filosofía nos enseña, ante todo, a no aceptar sin más la sabiduría convencional. Ni la fe ni los prejuicios le bastan como explicación, sino que exige una justificación racional. Además de desafiar las creencias, los filósofos pueden ofrecer nuevas ideas.

Pensamiento independiente

Reporteros, periodistas de investigación, comentaristas políticos y editores deben saber detectar el núcleo de una historia y presentarlo en los medios con claridad. La filosofía aporta muchas de las habilidades que exige una carrera en periodismo.

Periodismo

Mientras que algunos filósofos se han convertido en emprendedores, otros han visto que, con la filosofía, adquirirían capacidades útiles para el *marketing* y la publicidad, o para la organización empresarial y los recursos humanos.

Empresa

Es evidente la conexión de la filosofía de la mente con la psicología; de hecho, numerosos psicólogos y neurocientíficos han estudiado filosofía. Algunos filósofos se han formado también para llegar a ser terapeutas.

Salud mental

Además de los filósofos profesionales, que por lo general dictan clases en universidades, muchos graduados de esta disciplina trabajan como profesores de distintas asignaturas, pero también como teóricos de la educación.

Educación

¿Qué es el
CONOCIMIENTO?

La NECESIDAD de SABER

¿Cómo lo SABES?

¿De dónde sacas esa IDEA?

No te fíes de tus SENTIDOS

Conocemos por medio de la RAZÓN

Aprendemos de la EXPERIENCIA

No des NADA por sentado

CREER no es lo mismo que SABER

NUNCA lo puedes conocer TODO

¿Podemos conocer la VERDAD?

La epistemología es la rama de la filosofía que trata del conocimiento: qué es y cómo lo adquirimos. Uno de los principales temas de debate es hasta qué punto podemos conocer las cosas a partir de nuestra experiencia del mundo, y cuánto saber adquirimos por medio del razonamiento, así como dónde están los límites, si los hay, de aquello que podemos llegar a conocer.

CIENCIA

RELIGIÓN

La **NECESIDAD** de **SABER**

LOS HUMANOS SOMOS INQUISITIVOS POR NATURALEZA: NECESITAMOS ENTENDER EL MUNDO QUE NOS RODEA Y EL LUGAR QUE OCUPAMOS EN ÉL, ASÍ COMO EL MODO EN QUE PENSAMOS Y NOS COMPORTAMOS. NUESTRA BÚSQUEDA DE CONOCIMIENTO EXIGE EXPLICACIONES, INCLUIDAS LAS DE CÓMO LLEGAMOS A SABER LAS COSAS Y SI PODEMOS ESTAR SEGUROS DE AQUELLO QUE CONOCEMOS.

Véanse también: 14-15, 16-17

Creencias tradicionales

Desde el principio de los tiempos, las personas se han hecho preguntas para tratar de entender el mundo en el que viven. Han buscado explicaciones, sobre todo de los fenómenos naturales que afectaban a sus vidas, como el paso de las estaciones y el ciclo de crecimiento y muerte de las plantas, la salida y la puesta del sol y la luna o los movimientos de las estrellas. Para el hombre prehistórico, estos eran sucesos mágicos y a menudo se explicaban como resultado de fuerzas sobrenaturales. Así fueron tomando forma religiones y mitos que ofrecían explicaciones no solo del mundo físico, sino también de la manera en que nos comportamos, de acuerdo con las leyes que nos han sido dadas por los dioses. Con el tiempo, a medida que se afianzaban las civilizaciones, dichas creencias tradicionales se erigieron en base de culturas, en marcos para las sociedades y se transmitieron por generaciones sin que nadie las cuestionara. Sin embargo, cuando las sociedades se fueron volviendo más sofisticadas, la tradición ya no sació la curiosidad de algunos, quienes, más que aceptar creencias convencionales, deseaban hallar sus propias respuestas.

Explicaciones racionales

Del deseo de saber acerca del mundo y no creerse solo lo que dictaban la religión o la tradición, surgieron los primeros filósofos de la antigua Grecia. Estos desafiaron las ideas establecidas y buscaron respuestas alternativas a sus preguntas examinando el mundo y aplicando su capacidad de

LA **RAZÓN** ES **INMORTAL**, TODO LO DEMÁS ES PERECEDERO.

PITÁGORAS

ACCEDEMOS AL CONOCIMIENTO DE MUCHAS MANERAS

TRADICIÓN

RAZONAMIENTO

◉ ¿La clave?

Los primeros filósofos desafiaron las tradicionales explicaciones del mundo y de nuestra existencia en él. Buscaron alternativas y lo examinaron todo bajo un nuevo prisma: el del razonamiento.

MUCHAS COSAS ENTORPECEN EL CONOCIMIENTO, INCLUYENDO LA OSCURIDAD DEL PROBLEMA Y LA BREVEDAD DE LA VIDA HUMANA.

PROTÁGORAS

pensar, es decir, de razonar. Al hacerlo vieron que sus explicaciones racionales les proporcionarían conocimiento y no meras creencias. Aquellos primeros filósofos trataron de hallar explicaciones a la creación y estructura del universo, una búsqueda que derivó en las distintas disciplinas científicas. Filósofos posteriores intentaron, por su parte, explicar de modo racional cómo hay que vivir y la naturaleza de la realidad y nuestra existencia como alternativa a las creencias tradicionales. De esta manera de examinar e intentar entender el mundo razonando, y sobre todo alimentando la discusión y el debate, es de lo que trata la filosofía, y aún hoy es una forma de cuestionar las convenciones de la sociedad en que vivimos.

El problema del conocimiento

Si bien la filosofía surgió de la sed humana de saber, los filósofos centraron igualmente su atención en el conocimiento en sí. Empezaron a percibir que ya

no bastaba con decir que las cosas eran de una determinada manera ni con explicar por qué lo creían así: también había que examinar cómo lo sabían. En la cúspide de la civilización griega, con la fundación de Atenas, los filósofos comenzaron a preguntarse qué significa decir que sabemos algo y qué es el conocimiento en realidad. Así nació la rama de la filosofía llamada epistemología, que se ocupa de todos los aspectos del conocimiento: cómo lo adquirimos, cómo podemos estar seguros de lo que sabemos y si existe algo que no se pueda conocer.

La palabra «filosofía», de origen griego, significa «amor por la sabiduría».

EN EL PRINCIPIO

Mientras en la antigua Grecia se fundaban las ciudades-estado, en China e India también se desarrollaban las sociedades civiles. De ellas surgieron originales pensadores, como Confucio (Kong Fuzi) y Siddhartha Gautama (Buda), los cuales adoptaron enfoques muy distintos a los de Occidente. La filosofía oriental se centra sobre todo en cómo vivir una buena vida y organizar la sociedad; en ella, los límites entre filosofía y religión son más difusos que en la filosofía occidental.

¿Cómo lo SABES?

A MENUDO DECIMOS QUE SABEMOS UNA COSA CUANDO, DE HECHO, TAN SOLO ESTAMOS ACEPTANDO LA OPINIÓN DE ALGUIEN O UNA EXPLICACIÓN CONVENCIONAL. PARA LOS FILÓSOFOS, NO ES SUFICIENTE ACEPTAR QUE ALGO ES VERDADERO: HACE FALTA UNA BUENA RAZÓN QUE PERMITA CREERLO, Y A LA QUE RESPALDE UN ARGUMENTO CONVINCENTE.

sócrates fue tan sabio como honesto: antes de cumplir su sentencia de muerte, saldó su última deuda con un pollo.

Hallar verdades mediante la razón

Insatisfechos con las explicaciones convencionales o religiosas, los primeros filósofos de la antigua Grecia usaron el razonamiento para intentar comprender el mundo. Dieron forma a nuevas ideas sobre la creación y sobre la estructura del universo y propusieron argumentos razonados para respaldar sus teorías.

> NO HA HABIDO NI HABRÁ JAMÁS HOMBRE ALGUNO QUE TENGA UN CONOCIMIENTO CIERTO.
> **JENÓFANES**

De aquí surgió la noción de que, para saber algo, no hay que creer que es verdad, sino usar la razón; por lo tanto, según esto, la razón es la fuente de todo nuestro conocimiento verdadero. Pero no todos los filósofos de la antigua Grecia juzgaron posible responder a las grandes preguntas solo a base de pensar. Jenófanes, por ejemplo, coincidía en la importancia del pensamiento racional, pero afirmaba que este precisa del apoyo de pruebas externas para no caer en la mera especulación.

No sabemos nada

Poco a poco, el énfasis de la discusión filosófica se desplazó de las preguntas sobre la naturaleza del universo a la cuestión de cómo lo conocemos: no solo cómo podemos estar seguros de lo que sabemos, sino cómo llegamos a saber cosas, de dónde procede nuestro conocimiento. Por la misma época en que Atenas se convirtió en el centro cultural de la Grecia antigua, en el siglo v a.C., fue creciendo el interés de los filósofos por los asuntos humanos, como la política, la moral y el problema del conocimiento. El más destacado de esos pensadores fue Sócrates, quien cuestionó las ideas y creencias convencionales, empleando su capacidad de razonar para determinar qué sabemos realmente y qué no. Su método consistía en discutir con otras personas sobre las cosas que estas creían saber, con el fin de suprimir toda idea preconcebida. Para ello partía del supuesto de que él mismo no sabía nada. Después ponía en tela de juicio todas las ideas y presunciones de aquel con quien hablara y le señalaba las contradicciones y deficiencias de sus

META CONOCIMIENTO

? ? ? ?

SALIDA IGNO

EN CUANTO A MÍ, SOLO SÉ QUE NO SÉ NADA.

SÓCRATES

Véanse también:
12–13, 20–21

EL MÁS SABIO

Aseguraba el oráculo de Delfos que no había otro más sabio que Sócrates. Pero este siempre mantuvo que él no sabía nada; ¿cómo podía ser entonces el más sabio? Cuando hablaba de filosofía con los principales de Atenas, se daba cuenta de que estos creían saber mucho, así que él era más sabio que los demás por ser consciente de los límites de su conocimiento.

argumentos para descubrir las limitaciones de su conocimiento. No obstante, lo que Sócrates demostró de manera categórica fue el poder de la razón para exponer las debilidades del conocimiento presupuesto, y cómo pensar racionalmente puede proporcionar un entendimiento más profundo de las cosas.

Desafío al conocimiento

Sócrates no solo se propuso desafiar las creencias aceptadas de su época; de paso, intentó hallar verdades de las que poder tener conocimiento. En especial le interesaron los temas de la moral y la política y hacía preguntas como: «¿Qué es la justicia?» o «¿Qué es la valentía?». Aunque la mayoría de la gente creía conocer las respuestas, él les demostraba que no era así: muchos con los que debatió supieron dar ejemplos de actos justos o valerosos, pero fueron incapaces de identificar qué tenían en común todos ellos. Con esta clase de discusión, Sócrates no buscaba una simple definición de qué entendemos por «justicia» o «valentía», sino la esencia de lo que estas son en realidad. Dicha esencia, creía, es algo que solo podemos conocer mediante el razonamiento.

JUEGO DEL CONOCIMIENTO

EL CAMINO AL CONOCIMIENTO ESTÁ SEMBRADO DE PREGUNTAS

↩ Cuestionarlo todo

Sócrates creía que nacemos sin saber nada, pero adquirimos conocimientos a lo largo de nuestra vida a base de cuestionar las creencias y convenciones con que nos topamos en cada fase.

¿De dónde sacas

UNA DE LAS PREGUNTAS FUNDAMENTALES QUE PLANTEA LA EPISTEMOLOGÍA, LA RAMA DE LA FILOSOFÍA QUE SE OCUPA DEL CONOCIMIENTO, ES DE DÓNDE PROCEDE ESTE. DESDE LA ÉPOCA DE LA ANTIGUA GRECIA, LOS FILÓSOFOS HAN DISCUTIDO SOBRE SI NACEMOS CON CONOCIMIENTO DE AL MENOS ALGUNAS COSAS, O BIEN SI ESE CONOCIMIENTO SE DEBE A LA EXPERIENCIA.

Dos escuelas de pensamiento

Las teorías sobre cómo adquirimos el conocimiento han dividido la opinión de los filósofos, en líneas generales, en dos grupos diferentes a lo largo de gran parte de la historia del pensamiento. Los del primer grupo afirman que nacemos con la capacidad de razonar, habilidad innata que nos permite acceder al conocimiento. Esta es la corriente racionalista, que sitúa la razón como fuente principal de nuestro saber y considera que la realidad se compone de verdades que descubrimos razonando. En cambio, según los del otro grupo, carecemos de capacidad o conocimientos innatos, y aprendemos cuanto sabemos a partir de la experiencia del mundo en el que vivimos. Esta corriente, conocida como empirismo, supone la información recopilada por los sentidos como fuente primordial de conocimiento.

La palabra «epistemología», de origen griego, significa «estudio del conocimiento».

¿NACEMOS CON CONOCIMIENTO...

Descubrir el conocimiento innato

Los primeros filósofos de la antigua Grecia pusieron el acento en la capacidad de razonar; creían que el conocimiento se adquiere solo por medio de la razón. Para demostrarlo, Platón contaba la historia de la discusión de Sócrates sobre un problema geométrico con un joven esclavo que nunca había estudiado esta disciplina. Al ver a Sócrates dibujar diagramas en la arena, el chico entendió cómo resolver el problema razonando; sin que Sócrates le revelara la respuesta, él supo que había encontrado la solución. Platón afirmaba que el chico no tenía ninguna experiencia de aquel problema ni de su solución, y llegó a la conclusión de que se trataba de un conocimiento que él ya tenía, que era innato, y al que había accedido razonando. Propuso que nacemos con conocimiento de ciertas verdades que existen en un «mundo de

> **LO QUE LLAMAMOS APRENDIZAJE NO ES MÁS QUE RECUERDO.**
> PLATÓN

esa **IDEA**?

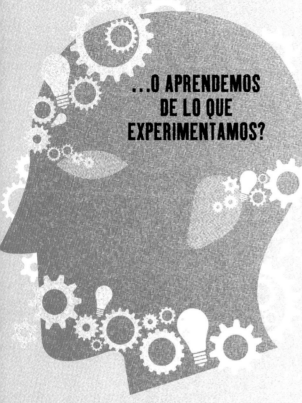

...O APRENDEMOS DE LO QUE EXPERIMENTAMOS?

Véanse también: 18–19, 20–21, 24–25

¿Alguna idea?

Platón y los racionalistas creían que nacemos con conocimiento, el cual podemos recuperar razonando. Mientras que Aristóteles y los empiristas afirmaban que adquirimos todo nuestro conocimiento del mundo exterior a través de los sentidos.

conocimiento innato. Él creía que, al nacer, no sabemos nada, y que nuestro conocimiento se construye a partir de aquello que aprendemos de nuestra experiencia del mundo. Este argumento empirista resurgió después del periodo medieval, con el auge de los descubrimientos científicos basados en la observación (o experiencia) más que en la teorización (razonar sobre lo que sabemos). René Descartes retomó las ideas de Platón en el siglo XVII, lo que provocó la reacción de John Locke, quien, como Aristóteles, rechazaba el concepto del conocimiento innato. Locke, importante empirista, creía que el conocimiento del mundo que nos rodea procede de nuestra experiencia del mismo, y que la única conexión directa entre nuestra mente y el mundo exterior son los sentidos: podemos utilizar la razón para racionalizar la información que nos ofrecen los sentidos y formular ideas, pero lo que no se origine en la experiencia sensorial no tendrá vínculo con la realidad externa, por lo que no nos otorga ningún conocimiento de ella.

ideas», separado del mundo de los sentidos; la fuente de todo nuestro conocimiento serían, pues, esas verdades, y no lo experimentado con los sentidos.

Vínculo con la realidad

Si bien las ideas de Platón sobre el conocimiento fueron aceptadas por muchos filósofos durante varios siglos, uno de sus discípulos ofreció un punto de vista muy diferente: Aristóteles no aceptó que tengamos un

EL **DESEO DE APRENDER** ESTÁ EN LA NATURALEZA DEL HOMBRE.

ARISTÓTELES

NUEVAS IDEAS

Tanto Platón como Aristóteles fundaron escuelas de filosofía —la Academia y el Liceo— no para enseñar su punto de vista particular, sino para inspirar la discusión filosófica. Aunque los filósofos disienten sobre la fuente originaria del conocimiento, se acepta casi universalmente que las nuevas ideas emergen del razonamiento y, sobre todo, del debate filosófico.

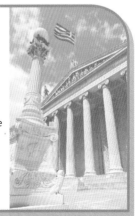

¿LAS COSAS DEJAN DE EXISTIR EN CUANTO NO LAS MIRAMOS?

Mundo evanescente ❯
Algunos filósofos creían que solo obtenemos conocimiento por medio de los sentidos. George Berkeley llegó al extremo de dudar de la existencia de lo material: si no percibimos las cosas a nuestra espalda, ¿cómo sabemos siquiera que existen?

Véanse también: 14-15, 16-17, 20-21, 24-25, 44-45

No te fíes de

TENDEMOS A ACEPTAR QUE LOS SENTIDOS NOS DAN UNA IDEA PRECISA DEL MUNDO. PERO TAMBIÉN SABEMOS QUE SE LES PUEDE BURLAR, POR EJEMPLO CON ILUSIONES ÓPTICAS. ¿LOS HACE ESO MENOS FIABLES COMO FUENTE DE CONOCIMIENTO? SI SE PUEDE ENGAÑAR A LOS SENTIDOS, QUIZÁ NO PODREMOS CONFIAR EN NADA DE LO QUE SEPAMOS POR ELLOS.

Un mundo imperfecto

Uno de los primeros filósofos que abordó el tema de la fiabilidad de los sentidos como fuente de conocimiento fue Platón. Al igual que su mentor, Sócrates, se propuso probar que mucho de lo que pensamos que sabemos está basado en fuentes poco fidedignas. Aseguraba que nuestros sentidos no solo nos fallan a menudo, sino que también el mundo en que vivimos y que experimentamos con ellos es imperfecto. Por ejemplo, cuando vemos un círculo dibujado en un papel, lo reconocemos como tal; sin embargo, no es un círculo perfecto: por mucho cuidado con que lo dibujemos, un círculo perfecto no puede existir en el mundo en que vivimos. Según Platón, en este mundo nada existe en su forma ideal y perfecta. Se trata de un mundo ilusorio, compuesto de versiones imperfectas de las cosas, y lo que de él aprendemos mediante los sentidos ha de ser también un conocimiento imperfecto.

Trampas para los sentidos

La idea de que nuestros sentidos pueden engañarnos la adoptó más tarde el filósofo matemático francés René Descartes, quien vio que, en ocasiones, los sentidos nos dan una falsa impresión; por ejemplo, un palo recto puede parecer doblado en el interior de un vaso de agua. Y si sabemos que

George Berkeley destacó muy joven, escribió sus obras más conocidas antes de cumplir los treinta años.

SEDUCE TODO CUANTO ENGAÑA.
PLATÓN

tus SENTIDOS

> ## LOS SENTIDOS NOS ENGAÑAN A VECES, Y ES PRUDENTE NO FIARSE NUNCA POR COMPLETO DE QUIENES NOS HAN ENGAÑADO ALGUNA VEZ.
>
> **RENÉ DESCARTES**

pueden no ser fiables, sería un error confiar en ellos del todo; todo lo que experimentamos con los sentidos, por lo tanto, podría ser falso. Incluso podría ser que estuviéramos dormidos y que lo que experimentamos no fuese más que un sueño, o que Dios o algún poder malicioso nos hiciera creer cosas que en realidad no son verdad. Aunque, en tal caso, nunca lo sabremos seguro. Pero entonces Descartes demuestra que sí hay una cosa segura: que, para ser engañado, él debe existir, y existir como cosa que piensa. Así, aunque no se pueda fiar de sus sentidos, puede estar seguro de que existe como algo capaz de pensar y razonar.

Solo existe lo que experimentamos

Muchos filósofos del siglo XVII aceptaron el argumento de Descartes, pero algunos, sobre todo en Inglaterra, aunque coincidían en que nuestros sentidos puedan engañarnos, creían que son nuestra única fuente de conocimiento. Tenemos la capacidad de razonar, pero eso no es lo que nos proporciona el saber, sino lo que

utilizamos para elaborar la información procedente de nuestros sentidos. Solo podemos conocer las cosas que experimentamos, y eso solo podemos hacerlo por medio de los sentidos. Este punto de vista, conocido como empirismo, lo llevó al extremo George Berkeley, quien dijo que obtenemos el conocimiento a partir de nuestra experiencia de las cosas, pero lo único que podemos llegar a experimentar son las ideas de esas cosas en nuestra mente; no tenemos ninguna base real para creer que existe algo aparte de esas ideas. Lo único que sabemos con seguridad que existe son las ideas y las mentes que las perciben; según Berkeley, nada material existe.

EL DEMONIO ENGAÑADOR

René Descartes quiso imaginarse una situación en la que fuese completamente imposible confiar en nada de lo que le dictaran sus sentidos. Para ello concibió un experimento conceptual (una situación imaginaria), en el que un demonio maligno tiene el poder de engañarle y hacerle creer algo, aunque no sea verdad.

Conocemos por

AUNQUE NOS PAREZCA QUE APRENDEMOS COSAS DEL MUNDO A PARTIR DE LO QUE VEMOS, OÍMOS, TOCAMOS, SABOREAMOS Y OLEMOS, NUESTROS SENTIDOS NO SON PERFECTOS Y NOS OFRECEN UNA IDEA IMPERFECTA DE LA REALIDAD. PERO CONTAMOS CON OTRA FACULTAD: EL PENSAMIENTO RACIONAL, QUE MUCHOS FILÓSOFOS CONSIDERAN UNA FUENTE DE CONOCIMIENTO MÁS FIABLE.

platón afirmaba que hombres y mujeres tienen la misma capacidad intelectual y deben recibir la misma educación.

Todos los objetos tienen una forma ideal

En la filosofía de Platón es crucial la idea de que lo que experimentamos del mundo es engañoso. Él afirmaba que nuestros sentidos solo nos dan una impresión de la realidad y que solo por medio de la razón (o el pensamiento lógico) llegamos a conocer la naturaleza de las cosas. Sócrates, su mentor, había planteado preguntas como «¿Qué es la justicia?» y «¿Qué es la virtud?» para buscar la esencia de estos conceptos, convencido de que tenía que existir una forma ideal de estos. Platón llevó su idea más allá al creer que no solo existen formas ideales de abstracciones como la justicia o la virtud;

también las hay de los objetos, y lo que experimentamos con nuestros sentidos no son más que reflejos imperfectos de esas formas. Así pues, cuando vemos una silla la reconocemos como tal aunque existan muchas clases de sillas diferentes. Esto sucede, en su opinión, porque en nuestra mente tenemos una idea de la silla ideal, y la silla que vemos es un ejemplo (una «copia» imperfecta) de dicha forma ideal.

El mundo de las ideas

Platón explicó que esas formas perfectas de las cosas existen, pero en un mundo separado del nuestro. El nuestro contiene solo sombras imperfectas de las formas ideales. No obstante, pese a que ese mundo de ideas, o formas, como él las llamó, esté fuera del espacio y el tiempo, tenemos acceso a él porque hemos nacido con un conocimiento de esas ideas perfectas. Así podemos reconocer un triángulo aunque sus lados no sean totalmente rectos, porque en nuestra mente tenemos una idea innata de cómo es un triángulo perfecto. Es más, razonando, podemos concluir que los tres

EL CONOCIMIENTO TERRENAL NO ES MÁS QUE UNA SOMBRA.

PLATÓN

medio de la **RAZÓN**

⊙ Sombras perfectas

Según Platón, aunque podamos identificar círculos y cuadrados, por ejemplo, estos son reflejos imperfectos de formas perfectas. Los círculos y los cuadrados perfectos no existen en el mundo en que vivimos.

RAZONAR DA FORMA A NUESTRO CONOCIMIENTO

ángulos de ese triángulo suman un total de 180°, y saber que es cierto. Según Platón, nuestro mundo cotidiano es ilusorio y la verdadera realidad existe solo en el mundo de las ideas. Y, mientras que los sentidos nos proporcionan una imagen imperfecta de un mundo de sombras, el verdadero conocimiento de la realidad solo se adquiere mediante la razón.

Dos más dos siempre son cuatro

El concepto que tenía Platón de que el pensamiento racional es la fuente principal de nuestro conocimiento también era clave en el enfoque filosófico iniciado por René Descartes en el siglo XVII. Descartes decía que, ya que nuestros sentidos pueden ser burlados, las únicas cosas que podemos conocer de verdad son las que hemos aprendido razonando. Como matemático reconocido, comprendió que las verdades matemáticas, sobre todo en geometría, se pueden descubrir utilizando puramente el pensamiento racional, avanzando en pasos lógicos de una verdad a otra hasta alcanzar una conclusión. También creía que todo lo

que hay en el universo posee una estructura lógica, que puede descubrirse del mismo modo. El racionalismo, que es como se llamó esta corriente, atrajo sobre todo a los matemáticos, incluidos Benedictus de Spinoza y Gottfried Leibniz, que siguieron los pasos de Descartes. En los siglos XVII y XVIII, un periodo de grandes progresos en las matemáticas, la corriente filosófica predominante en Europa fue el racionalismo.

Véanse también: 14-15, 18-19

LA CAVERNA DE PLATÓN

Para explicar su teoría del mundo de las ideas, Platón nos pide imaginar unos prisioneros atados en una caverna. Detrás tienen una hoguera que proyecta sombras de objetos en la pared interior de la cueva. Para los prisioneros, esas sombras son la única realidad que entenderán, a menos que puedan liberarse, darse la vuelta y ver que solo se trata de las sombras de los objetos verdaderos.

DAVID HUME

1711–1776

El filósofo escocés David Hume solo tenía doce años cuando ingresó en la Universidad de Edimburgo. Aunque estudió derecho, prefería la filosofía. Tras trabajar como escribano en Bristol y estudiar en La Flèche, la escuela francesa a la que René Descartes había asistido un siglo atrás, Hume pulió su filosofía y la dio a conocer con escaso éxito. Solo después de su muerte se hizo patente su verdadero valor.

ESCRITOR PRECOZ

Hume completó su *Tratado de la naturaleza humana* antes de cumplir los treinta años, época en que llevaba una vida frugal. Cuando lo publicó en 1739–1740, obtuvo una tibia acogida, pese a que se iba a convertir en una obra de enorme importancia. Impertérrito, publicó otros ensayos y simplificó su anterior obra en publicaciones mejor recibidas, como *Investigación sobre el entendimiento humano* (1748).

Cuando le prohibieron encargar ciertos libros para la biblioteca donde trabajaba, Hume cedió su sueldo al poeta ciego Thomas Blacklock a modo de protesta.

EMPIRISMO Y UTILIDAD

Hume era un empirista convencido de que solo se puede obtener un conocimiento significativo de la realidad mediante los sentidos, si bien dichas percepciones son individuales, no universales. Afirmó que las pasiones humanas, y no la razón, gobiernan el comportamiento, y que los principios morales no se basan en la voluntad de Dios, sino en su utilidad para la gente.

EL HISTORIADOR MÁS VENDIDO

Hume no obtuvo ningún puesto en las universidades de Glasgow o Edimburgo, por lo que trabajó como bibliotecario en la Facultad de Derecho de Edimburgo desde 1752. Con acceso a los 30 000 libros de la biblioteca, se documentó y escribió la monumental *Historia de Inglaterra* (1754), de seis volúmenes y más de un millón de palabras; fue un insólito éxito de ventas y se hicieron al menos cien reimpresiones.

> **«La razón** es [...] **esclava de las pasiones**, sin que jamás pueda aspirar a ninguna otra función que a **servirlas** y **obedecerlas**.»

RELEGAR LA RELIGIÓN

De niño, Hume asistía a la iglesia, pero siendo adulto se ganó antipatías al sostener que el conocimiento no lo proporciona Dios, sino que es resultado de la experiencia. Criticó los fundamentos de algunas religiones y escribió en *Tratado de la naturaleza humana*: «En términos generales, los errores en religión son peligrosos; en filosofía, solo ridículos».

Aprendemos de la
EXPERIENCIA

MUCHOS FILÓSOFOS A LO LARGO DE LA HISTORIA HAN PENSADO QUE EL RAZONAMIENTO ES LA FUENTE PRINCIPAL DE NUESTRO CONOCIMIENTO, PERO OTROS HAN AFIRMADO QUE LO QUE SABEMOS DEL MUNDO PROCEDE SOBRE TODO DE LA EXPERIENCIA: NACEMOS SIN SABER NADA Y ADQUIRIMOS CONOCIMIENTO MEDIANTE EL USO DE NUESTROS SENTIDOS.

> ## LA VERDAD RESIDE EN EL MUNDO QUE NOS RODEA.
> **ARISTÓTELES**

Una pizarra en blanco

Desde sus inicios en la Grecia antigua, la filosofía dependió del pensamiento racional para obtener respuestas. El razonamiento se consideraba tan importante, que Platón pensó que todo nuestro conocimiento procede de la razón. Otros filósofos no estuvieron de acuerdo y sintieron que nuestra experiencia del mundo también es importante para determinar la verdad y adquirir conocimiento. Así, Aristóteles adoptó un punto de vista casi contrario al de Platón: según él, cuando nacemos nuestras mentes son como una pizarra sin nada escrito, y construimos nuestro conocimiento del mundo en que vivimos a partir de nuestra experiencia de él —lo que vemos, oímos, tocamos, saboreamos y olemos.

La esencia de las cosas

Según Aristóteles, las cosas que experimentamos en el mundo material no son, como creía Platón, versiones imperfectas de formas ideales que existen en un mundo separado. No es que tengamos una idea innata de la forma perfecta de algo y reconozcamos ejemplos imperfectos de ella, sino que construimos una idea de qué hace a algo ser lo que es a partir de nuestra experiencia de distintos ejemplos de ese algo. Si vemos varios perros, observamos varias cosas que los perros tienen en común. Esas cosas constituyen lo que Aristóteles llama la «forma» de un perro, su esencia, la cual no existe en un mundo separado, sino que está presente en cada ejemplo de perro. Nuestra experiencia de ejemplos concretos de cosas es lo que nos da el conocimiento de su naturaleza esencial; y no solo de objetos del mundo natural, sino también de conceptos como justicia o virtud. Al nacer no tenemos ideas innatas sobre lo correcto y lo incorrecto, por ejemplo, pero aprendemos a reconocer las cualidades que tienen en común ejemplos de ello y nos construimos una interpretación de lo que son esencialmente.

Con la experiencia llega el conocimiento

El concepto aristotélico de que la experiencia es la fuente principal de nuestro conocimiento influyó en el desarrollo de la ciencia, sobre todo a finales de la Edad Media, cuando se realizaron hallazgos científicos

> ## SUPONGAMOS QUE LA MENTE FUERA UN PAPEL EN BLANCO, VACÍO DE INSCRIPCIONES, VACÍO DE IDEAS; ¿CÓMO LLEGA A TENERLAS?
> **JOHN LOCKE**

NOS CONSTRUIMOS UNA IDEA DE PERRO A PARTIR DE LOS DISTINTOS PERROS QUE HEMOS VISTO

mediante la observación y la experimentación. Mientras que racionalistas como René Descartes se inspiraban en el razonamiento abstracto de las matemáticas, otros atribuyeron a la experiencia el aumento de conocimiento de las ciencias naturales. Esta corriente, llamada empirismo, se popularizó entre filósofos ingleses como John Locke. Igual que Aristóteles, él creía que nacemos sin conocimientos y que nuestro saber llega con la información que nuestros sentidos recopilan. Poco a poco organizamos esa información para formarnos una visión general del mundo, asociando objetos a fin de crear ideas complejas y desarrollando nuestra capacidad de aplicar la razón a todo aquello que experimentamos.

A Aristóteles le gustaba pasear y hablar; sus alumnos tenían que seguirle.

⬆ Juntando piezas

A partir de nuestra experiencia de muchos perros, reconocemos las características que les otorgan su «canicidad», como el pelaje o la cola. Esta «forma» es común a todos los perros y nos ayuda a identificar a uno aun cuando solo lo veamos parcialmente.

AMANTE DE LA NATURALEZA

Aristóteles, entusiasta naturalista, realizó un estudio detallado de la vida salvaje, en el que clasificó los seres en distintos grupos de plantas y animales. Organizó las categorías identificando ciertas características, como si un animal puede volar o nadar y si tiene plumas, escamas o pelaje. Luego agrupó los seres en «familias», reconocibles por sus características comunes.

Véanse también: 18-19, 20-21

CERTEZA

NO PODEMOS SABER NADA CON SEGURIDAD...

No des NADA

LOS FILÓSOFOS NO ACEPTAN LAS AFIRMACIONES COMO SI NADA, SINO QUE BUSCAN LOS POSIBLES FUNDAMENTOS PARA CREER QUE SON VERDADERAS. LA DUDA ES UNA HERRAMIENTA MUY ÚTIL EN FILOSOFÍA, PUES AYUDA A DETERMINAR QUÉ ES SEGURO Y QUÉ NO. PERO ¿ACASO EXISTE ALGO QUE SE PUEDA SABER CON CERTEZA?

> **LA DUDA ES EL ORIGEN DE LA SABIDURÍA.**
> ADAGIO LATINO

¿De qué podemos estar seguros?

Desde tiempos de Sócrates, los filósofos se han planteado si podemos estar seguros de lo que conocemos o incluso si se puede llegar a saber algo. Sócrates sostuvo que es posible tener conocimiento, pero para llegar a esta conclusión tuvo que empezar reconociendo que no sabía nada. Luego trató de adquirir conocimiento hablando de distintos temas con otras personas: cuestionaba todo cuanto creían saber para señalarles las inconsistencias y contradicciones de sus creencias. Un grupo más tardío de filósofos griegos, los escépticos, supuso que no podemos conocer o estar seguros de nada. Pero no todos los filósofos han adoptado puntos de vista tan extremos. Algunos han optado por una postura escéptica para poder determinar mejor qué podemos saber con certeza; utilizan la duda como herramienta, aplicándola a todas las creencias para averiguar cuáles son seguras. Aunque algunos escépticos mantienen que el conocimiento absoluto de algo es imposible, otros consideran posible conocer ciertas cosas, pero no otras. Un cierto grado de escepticismo viene bien, sin lugar a dudad, para toda investigación filosófica, hasta que se obtenga un argumento o una prueba convincente de que algo es verdad más allá de toda duda razonable.

No dudo de que yo existo

René Descartes adoptó el enfoque escéptico en su búsqueda de una base sólida para su filosofía, algo que fuese indudable. Se le ocurrió una situación imaginaria, una hipótesis escéptica en

Dicen que Jantipa, la esposa de sócrates, fue la única persona que llegó a vencer al filósofo en una discusión.

...¿DEBEMOS, ENTONCES, CUESTIONARLO TODO? ¿SEGURO?

por sentado

la que un demonio maligno le engañaba hasta hacerle dudar de cuanto le dictaban sus sentidos. Era, efectivamente, el punto de vista de un escéptico empedernido, pues dudó de la verdad de absolutamente todo. Eso lo llevó a darse cuenta de que, si era capaz de dudar de todo, tenía que existir. El hecho de su existencia fue lo primero que Descartes halló como verdad indudable, sobre la que podía edificar sus argumentos.

Utiliza el sentido común

Un siglo más tarde, el filósofo escocés David Hume adoptó también el enfoque escéptico. Como empirista que era, Hume pensaba que adquirimos nuestro conocimiento por medio de los sentidos, pero comprendió asimismo que estos no son perfectos y nos pueden ofrecer información falsa. Además, se dio cuenta de que el razonamiento lógico tampoco es muy de fiar, y concluyó que nada se puede saber con absoluta certeza. Por ejemplo, pensó que era imposible justificar nuestra creencia de que el sol saldrá mañana basándonos en que ha salido todos los días; sin embargo, no podemos evitar creer que saldrá el sol. Hume afirmó también que debemos «adecuar nuestras creencias a la evidencia»: creer cuando haya buenos indicios que apoyen lo que creemos y

> EN NUESTROS **RAZONAMIENTOS** ACERCA DE LOS **HECHOS**, HAY TODOS LOS **GRADOS IMAGINABLES** DE CERTEZA. POR ELLO, EL **HOMBRE SABIO** HACE QUE SU **CREENCIA** SEA PROPORCIONAL A SUS **PRUEBAS**.
>
> **DAVID HUME**

dudar cuando no los haya. La prueba de un milagro, por ejemplo, es pobre; afirmar que ha ocurrido un milagro, contrario a las leyes de la naturaleza, es decir algo improbable. La explicación más probable es que nuestros sentidos nos estén engañando, o bien que lo haga quien nos cuenta ese milagro.

Véanse también: 14-15, 18-19

REGRESIÓN INFINITA

Si nos preguntamos si una afirmación es verdadera o no, estamos inquiriendo si hay un buen argumento que la explique. El problema es que tal argumento siempre implicará otras afirmaciones —de las que un escéptico también dudará—, y para respaldar estas, proponemos nuevas aseveraciones, dudosas a su vez. Este proceso sin fin se conoce como regresión infinita.

CREER no es lo mismo que SABER

PENSAMOS QUE SABEMOS GRAN CANTIDAD DE COSAS. PERO A LO MEJOR NO ES TAN SENCILLO: PODRÍAMOS ESTAR COMETIENDO EL ERROR DE CREER ALGO QUE RESULTA QUE NO ES VERDAD, O DE ACEPTAR COMO UN HECHO LO QUE NOS HA CONTADO ALGUIEN, SIN COMPROBAR SI HAY RAZONES PARA CREÉRNOSLO. LA CUESTIÓN ES: ¿CUÁNDO SABEMOS REALMENTE ALGO?

¿Creencia o conocimiento?

Solemos usar el término «creencia» para referirnos a una fe religiosa: los miembros de una religión creen en un dios, o en varios, y en lo que aparece en sus textos sagrados. En filosofía, investigamos si las creencias son verdad o no. Aceptamos muchas cosas como verdaderas, y los filósofos reconocen que muchas de nuestras creencias pueden serlo, en efecto. Pero eso no significa que sepamos. Cuando alguien afirma que «sabe» algo, aunque quizá tenga razón, sentimos por instinto que en realidad no es así si no nos ofrece un buen motivo para creerlo. Otros dan razones para creer lo que creen, pero estas no son muy buenas, por lo que de nuevo nos parece que en realidad no lo saben

❶ **Las apariencias engañan**
Conduciendo por esta calle, podría estar justificado creer que estas casas son reales, porque lo parecen vistas de frente. Pero, de hecho, son falsas, así que no es una creencia verdadera.

LA CREENCIA DE QUE ESTAS CASAS SON REALES NO ES CONOCIMIENTO

Creencia verdadera y justificada

Uno de los primeros filósofos que se propusieron analizar con precisión qué distingue el conocimiento de la creencia fue Platón, quien definió el primero como «creencia verdadera y justificada». Para saber algo, debemos creer que es verdad y debemos tener buenos motivos para ello; pero, además, tiene que ser verdad realmente. Por ejemplo, puedo creerme efectivamente que Papá Noel existe, y está justificado que me lo crea porque he visto los regalos que deja en Navidad, pero no podemos decir que yo sepa que existe porque, en realidad, no existe; así pues, no

¿FE O RAZÓN?

Los filósofos cristianos medievales tuvieron algunos conflictos al intentar usar los argumentos de la filosofía griega para justificar sus creencias. En la filosofía oriental, por el contrario, creencias religiosas como el ciclo de reencarnaciones se aceptaban simplemente como una cuestión de fe, en vez de debatirse filosóficamente.

> # EL **CONOCIMIENTO** ES LA **CREENCIA VERDADERA** Y JUSTIFICADA.
> **PLATÓN**

es una creencia verdadera. También puedo creer genuinamente que algún día ganaré la lotería, cosa que puede acabar siendo cierta, pero como carezco de justificación para creerlo, tampoco puedo decir que lo sepa. Para ser conocimiento real, mi creencia debe ser justificada y verdadera a un tiempo.

El problema de Gettier

Hasta la década de 1960, la mayoría de filósofos aceptaron la definición platónica de conocimiento como creencia verdadera y justificada, pero Edmund Gettier demostró que esa definición no siempre ofrece una explicación satisfactoria. Propuso varios ejemplos en los que instintivamente nos damos cuenta de que alguien no sabe algo en realidad, aunque la creencia de esa persona sea verdadera y justificada. Así, por ejemplo: he quedado con mi amiga Sara en su casa y, cuando llego, veo a través de la ventana que está sentada en la cocina. Lo cierto es que no es a Sara a quien veo, sino a su gemela idéntica; Sara está en otra habitación. Mi creencia de que Sara está en casa es verdadera; estoy seguro de haberla visto, así que tengo un buen motivo para creerlo, pero es erróneo decir que yo sé que está en casa: no lo sé. Ejemplos como este se conocen como «problemas de Gettier» y han llevado a los filósofos a preguntarse si, además de creencia, verdad y justificación, hace falta un cuarto factor para el conocimiento. Gettier sembró la duda no solo sobre la definición de Platón, sino también sobre si es posible definir por completo qué es el conocimiento.

> muchos filósofos han intentado —sin éxito— encontrar soluciones para problemas de gettier.

IMMANUEL KANT

1724–1804

Kant vivió siempre en Königsberg, entonces parte de Prusia, junto al mar Báltico. Era un hombre predecible, cuyos paisanos sabían la hora por la regularidad de su paseo diario. Tras casi una década como profesor particular, pasó a dar clases no remuneradas en la Universidad de Königsberg, donde solo le pagaban los alumnos que asistían. Más tarde se le asignó un cargo como docente.

LA IMPORTANCIA DE LA MENTE

En su *Crítica de la razón pura* (1781), Kant sugirió que, para hallar respuestas a problemas filosóficos, hay que examinar la propia mente, mirar hacia el interior más que examinar el mundo que nos rodea. Según Kant, la filosofía implica el uso de la sola razón, independiente de la experiencia.

NUESTRA EXPERIENCIA DEL MUNDO SE DIVIDE EN DOS TIPOS

Para Kant, las experiencias proceden de las intuiciones (resultado de la percepción directa) y del entendimiento (la capacidad de usar conceptos sobre lo percibido): sin los conceptos, no entenderíamos qué significan nuestras intuiciones. Podemos ver dos paredes de un edificio, pero nuestra mente recurre a los conceptos para construir el edificio entero mentalmente.

«La **moralidad** no es la doctrina de cómo podemos ser **felices**, sino de cómo ser **merecedores** de la felicidad.»

EL IMPERATIVO CATEGÓRICO

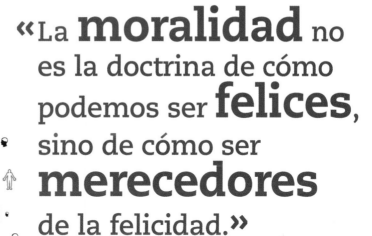

En cuestión de una década, Kant había publicado su segunda y tercera críticas: la *Crítica de la razón práctica* (1788) y la *Crítica del juicio* (1790). Creía posible desarrollar un sistema moral consistente recurriendo para ello a la razón. Las personas deberían actuar de un modo que se pueda convertir en ley universal, sin aspirar a conseguir deseos u objetivos personales.

NOÚMENOS Y FENÓMENOS

Kant afirmaba que la mente humana solo experimenta e imagina dentro de unos límites determinados. Según su concepción, hay dos mundos: el de los fenómenos (lo que podemos percibir y experimentar) y el de los noúmenos (las «cosas en sí», lo que existe fuera de nuestra mente). Por más que pensemos o experimentemos, no podemos acceder al mundo nouménico, que permanece incognoscible.

Kant contribuyó a desarrollar la hipótesis nebular, según la cual el sistema solar se formó a partir de grandes nubes de gas (o nebulosas).

NUNCA lo puedes conocer TODO

AUNQUE LOS NUEVOS HALLAZGOS RELATIVOS AL UNIVERSO SON CONTINUOS, SIEMPRE QUEDA, POR LO VISTO, ALGO POR DESCUBRIR. ES POSIBLE QUE, REALMENTE, AQUELLO QUE ESTÁ POR CONOCER NO TENGA LÍMITES. ALGUNOS FILÓSOFOS SE HAN PLANTEADO SI PODEMOS CONOCERLO TODO O SI HAY CIERTAS COSAS QUE NO SABREMOS NUNCA.

Los límites de la experiencia

Los importantes avances que trajeron los descubrimientos científicos posteriores a la época medieval hacían creer que el ser humano podía seguir con sus hallazgos sobre el universo hasta llegar a saberlo todo, que los únicos límites a nuestro conocimiento eran los de aquello que existe en la realidad. Pero en su *Ensayo sobre el entendimiento humano*, John Locke rebatió este supuesto y demostró que hay ciertas cosas que no somos capaces de conocer. Como empirista, pensaba que, al nacer, nuestras mentes son una «pizarra en blanco»: no sabemos nada y adquirimos todo el conocimiento a partir de lo que experimentamos con los cinco sentidos. Y, puesto que los sentidos son el único medio por el que conseguimos información del mundo que nos rodea, puede haber segmentos de realidad que nos queden ocultos por siempre. Así, un invidente puede oler flores, notar el calor del sol u oír la lluvia, mas no puede ver el sol ni las estrellas; por lo tanto, no puede tener un conocimiento de primera mano de su existencia. Nuestro conocimiento de la realidad se limita a lo que percibimos directamente, o bien a lo que podemos inferir basándonos en todo aquello que percibimos directamente (por ejemplo, galaxias no observadas o electrones). Pero en la realidad puede haber mucho

⬅ Lo desconocido

Immanuel Kant afirmó que, por más que observemos, siempre habrá cosas que queden más allá de nuestra comprensión: lo que es, simplemente, incognoscible.

> EL **CONOCIMIENTO** DEL HOMBRE NO PUEDE **IR MÁS ALLÁ** DE SU **EXPERIENCIA**.
>
> **JOHN LOCKE**

¿HAY PARTES DE LA REALIDAD QUE SIEMPRE PERMANECERÁN OCULTAS?

más de lo que somos capaces de conocer por esta vía.

Facultades limitadas

Otro filósofo que exploró la idea de los posibles límites de lo que conocemos fue Immanuel Kant, en el siglo XVIII. Igual que Locke, reconocía que nuestras facultades —nuestros sentidos y nuestra razón— no son exhaustivas y limitan lo que podemos saber y conocer. No obstante, Kant mostró también que lo que experimentamos con los sentidos no tiene por qué ser lo mismo que lo que existe realmente. La mente nos ofrece una representación de una cosa, de un modo parecido a como una cámara de vídeo nos ofrece una representación audiovisual de una escena: es como la realidad pero no es la realidad, ni captura todo cuanto hay en ella. Además, nuestra experiencia quizá añada cosas que no estén realmente (como en las ilusiones).

Dos realidades

Kant dijo que hay una diferencia entre las cosas tal y como se nos aparecen y lo que son en realidad —lo que llamó la «cosa en sí». Es como si existieran en dos mundos diferentes. Está el mundo tal como lo experimentamos con nuestras facultades limitadas, al que llamó mundo fenoménico; y el de las «cosas en sí», el nouménico, que no somos capaces de experimentar. El total de lo que podemos aprehender, conocer y entender está limitado por nuestras facultades, pero eso no significa que no existan otras cosas; tan solo que no tenemos modo de percibirlas. Nuestro conocimiento se limita a lo fenoménico, al mundo del espacio y el tiempo que podemos experimentar, y el mundo nouménico de las cosas como son realmente siempre será incognoscible para nosotros. Lo que somos capaces de experimentar nunca es la realidad tal y como es en sí. Hay cosas que no podremos conocer, y ni siquiera nos podemos hacer una idea de qué es lo que no conocemos, ya que queda literalmente más allá de nuestro entendimiento.

> Immanuel Kant no se fue muy lejos a buscar lo desconocido: en toda su vida no salió de su provincia natal.

Véanse también: 24-25

LA FILOSOFÍA EXISTE PRECISAMENTE EN CUANTO QUE CONOCE SUS LÍMITES.
IMMANUEL KANT

DESCONOCIDOS IGNORADOS

El político estadounidense Donald Rumsfeld hablaba de los límites del conocimiento cuando decía: «Está lo conocido que se conoce: las cosas que sabemos que sabemos; está lo desconocido que se conoce, es decir, las cosas que ya sabemos que no sabemos; y está también lo desconocido que se ignora: cosas que ignoramos que no sabemos».

¿VERDAD?

¿VERDAD?

¿VERDAD?

¿Podemos conocer la **VERDAD**?

LA INDAGACIÓN FILOSÓFICA SE PUEDE CONSIDERAR UNA BÚSQUEDA DE LA VERDAD. PERO LOS FILÓSOFOS TAMBIÉN SE PLANTEAN HASTA QUÉ PUNTO NUESTRA IDEA DE VERDAD SE CORRESPONDE CON LO QUE ESTA ES. ALGUNOS CONSIDERARON QUE NUNCA ESTAREMOS SEGUROS, PERO QUE DETERMINADAS COSAS SE PUEDEN ACEPTAR COMO VERDAD.

Véanse también:
32–33, 44–45

Explicaciones válidas

Nuestra sed de conocimiento es el motor de la indagación filosófica, y no queda saciada hasta que encontramos algo que creemos que es verdad. Los filósofos han discutido si se puede llegar a saber si algo es verdadero o no. Pero Charles Sanders Peirce, filósofo estadounidense, cuestionó a finales del siglo XIX la importancia de este tipo de verdad. Pensó que ni todo el debate filosófico del mundo podía alcanzar una conclusión respecto a qué es verdad, lo que, de hecho, es irrelevante, pues en la mayoría de casos solo necesitamos una explicación satisfactoria. Si creemos algo y eso nos funciona, da igual que no sea un imagen exacta de la realidad. Lo important son las consecuencias de creerlo verdad. Según Pierce, el conocimiento consiste e una serie de esas explicaciones válidas, ma que en cosas que sabemos seguro que so hechos. Las ideas de este filósofo sobre l verdad sentaron las bases para una escue filosófica llamada pragmatismo. Este afirm que el propósito de la filosofía no es ofrec una imagen verdadera del universo, sino ayudarnos a vivir en él a un nivel práctico

¿Verdadero… o útil?

La conclusión de Peirce de que aquello qu consideramos verdadero es una serie de esas explicaciones válidas difería mucho c la idea tradicional de que la verdad consis en hechos inmutables. Peirce sostiene qu las explicaciones que aceptamos como verdaderas son sustituibles si aparece ot mejor. Este concepto lo retomó otro filóso

> LA **VERDAD** ES ALGO QUE LES OCURRE A LAS IDEAS QUE SE TORNAN **CIERTAS**, A LAS QUE LOS ACONTECIMIENTOS HACEN CIERTAS.
>
> WILLIAM JAMES

¿VERDAD?

¿VERDAD?

◉ Creer en la verdad

El universo no cambia, pero sí lo hace, y sin parar, lo que creemos verdadero sobre él. Los pragmáticos piensan que, si una creencia es útil y nos ayuda a vivir en el universo, no importa que sea verdadera o no.

CREENCIAS

Algunos filósofos acusaron a los pragmáticos de renunciar a la búsqueda de la verdad.

LA VERDAD ESTÁ EN ALGUNA PARTE... PERO HAY QUE SALIR A BUSCARLA

EL SENDERO DEL BOSQUE

Para explicar el pragmatismo, William James contó el relato de un hombre perdido en el bosque. Cansado y hambriento, se topa con un sendero. El hombre puede optar por creer que el sendero lo llevará fuera del bosque, donde hallará comida y refugio, y seguirlo. O bien puede creer que no lo hará, quedarse donde está y morirse. Sea cual sea su elección, se demostrará verdadera.

LOS PROBLEMAS FILOSÓFICOS NO SE RESUELVEN, SE SUPERAN.

JOHN DEWEY

estadounidense, William James, quien creía que una cosa es verdadera mientras nos resulte de utilidad, y que, en cuanto deja de hacerlo, ya no es verdadera. Así, largo tiempo se creyó que la Tierra era el centro del universo; no obstante, a medida que los astrónomos observaron las órbitas de los planetas, esta visión del universo dejó de ser adecuada y una nueva explicación, que situaba al Sol en el centro, pasó a ser la «verdad» aceptada. El universo no había cambiado, pero sí las verdades que conocemos sobre él; dichas verdades son distintas de los hechos, y no necesitamos saber si la verdad que utilizamos se corresponde con los hechos, solo nos hace falta saber si nos funciona. Según James, es la utilidad de nuestras creencias, y cómo las utilizamos, lo que las hace verdaderas.

Filosofía práctica

La idea de la interrelación entre verdad y utilidad es fundamental en el pragmatismo. Peirce subrayó que no adquirimos conocimiento del simple hecho de observar y pensar, sino de comprobar activamente la utilidad de nuestro conocimiento y considerar las

implicaciones de aceptar algo como verdad. Filósofos posteriores, en especial John Dewey, aplicaron este aspecto del pragmatismo a los problemas de la vida cotidiana, sobre todo a la política y la educación. Dewey defendió el aprendizaje práctico por encima de la memorización y la repetición, pues aquel nos anima a hallar explicaciones útiles y no limitarnos a aceptar conocimiento de segunda mano. En el siglo xx, el pragmatismo se convirtió en un movimiento importante, en particular en EE UU, donde los filósofos se alejaron de los problemas abstractos de la filosofía europea para adoptar un enfoque más práctico, aplicando la forma en que Dewey juzgaba una teoría filosófica adecuada, que era preguntándose si «contribuye a hacernos entender nuestra experiencia o la hace más desconcertante».

ORDEN NATURAL

Aristóteles creía que todo nuestro conocimiento procede de la experiencia, lo que le llevó a estudiar con detalle el mundo natural para luego organizar sus conclusiones. Estas serían la base de la taxonomía moderna, que clasifica los organismos en grupos como clase, orden, familia, género y especie.

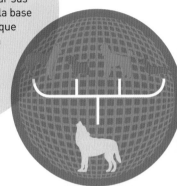

Filosofía del conocimiento
APLICADA

VIVIR Y APRENDER

Las teorías filosóficas sobre cómo adquirimos conocimiento —por medio de la razón o la experiencia— han influido en el desarrollo de las teorías del aprendizaje en psicología. Lo que, a su vez, ha constituido la base de las modernas teorías de la enseñanza, en especial la idea de reemplazar el aprendizaje por memorización (por medio de la repetición) por métodos más «prácticos».

DAR SIGNIFICADO

La interacción entre la mente y los sentidos es un importante campo de estudio en psicología (cognitiva). Nos ayuda a entender el modo en que nuestra mente da significado a lo que nos dictan los sentidos —la percepción— y cómo, a veces, la mente es burlada (por ejemplo, por ilusiones ópticas).

La ciencia de la genética ha planteado la posibilidad de que nuestro comportamiento se deba a factores hereditarios en un porcentaje mayor del que se creía, lo que reaviva el debate «naturaleza o educación». También ha apuntado a que ciertas capacidades son innatas, como la de adquirir y usar el lenguaje.

NATURALEZA O EDUCACIÓN

Los temas del conocimiento, la creencia y la verdad tienen especial importancia en los juicios legales. Quien ofrece testimonio jura decir la verdad, pero no dice sino lo que cree que es verdad. Depende del tribunal decidir si el testigo ha declarado de buena fe y si es de fiar o no.

TODA LA VERDAD

La rama de la filosofía que trata del conocimiento, la epistemología, tiene vínculos evidentes con la psicología y el estudio de cómo percibimos y aprendemos sobre el mundo que nos rodea. Además, nos ayuda a tomar decisiones prácticas en materia de verdad y creencia.

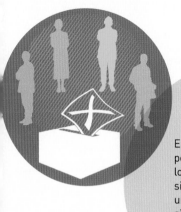

LA CORRECTA ACTUACIÓN POLÍTICA

En época de elecciones, podemos evaluar las políticas de los candidatos preguntándonos si se basan en la experiencia o un argumento racional, o bien si son solo ideológicas, basadas en una creencia muy arraigada. De esta manera, estaremos en capacidad de votar con conocimiento de causa.

¿Qué es la
REALIDAD?

¿De qué está hecho el UNIVERSO?

¿Posee el universo una ESTRUCTURA?

¿Qué es REAL?

¿Es una ILUSIÓN el mundo que conocemos?

¿Cómo sabemos que algo EXISTE?

¿Hay un DIOS?

La CIENCIA no tiene todas las respuestas

¿Qué es el TIEMPO?

¿Cuál es el sentido de mi EXISTENCIA?

La metafísica se desarrolló a partir de una de las primeras preguntas de los filósofos: ¿de qué se compone el universo? La metafísica es la parte de la filosofía que estudia el ser: lo que realmente existe y la naturaleza de la existencia, cómo es esta y si la realidad está hecha de sustancia material, ideas no materiales o una combinación de ambas.

¿De qué está hecho el **UNIVERSO?**

AL EXAMINAR EL MUNDO QUE LOS RODEABA, LOS PRIMEROS FILÓSOFOS SE DIERON CUENTA DE QUE LAS COSAS QUE EXISTEN TIENEN QUE ESTAR HECHAS DE ALGO. SU PRIMERA PREGUNTA, «¿DE QUÉ ESTÁ HECHO EL MUNDO?», FUE EL ORIGEN DE UNA RAMA FUNDAMENTAL DE LA FILOSOFÍA, LA METAFÍSICA, QUE SE OCUPA DE LO QUE EXISTE Y DE LA NATURALEZA DE LA EXISTENCIA.

La sustancia del universo

Mileto, una localidad costera en la actual Turquía, vio nacer a los primeros filósofos de que tenemos noticia. El primero de ellos, Tales, fue también astrónomo e ingeniero. Fascinado por la pregunta sobre la materia de que se compone el universo, dio con una teoría sorprendente, dada la gran variedad de cosas que hay en el mundo: pensaba que todo se compone de una única sustancia, la cual, sugirió, es el agua. Al reflexionar sobre el hecho de que esta es necesaria para toda forma de vida, de que la tierra

TODO es AGUA.
TALES DE MILETO

parece emerger del mar y de que el agua existe en los estados líquido, gaseoso y sólido, concluyó que todo debe consistir en agua en algún momento de su existencia. Tales transmitió sus nuevas ideas a otros pensadores, entre los que se hallaba Anaximandro, quien señaló que, si la Tierra se sostiene sobre agua, algo tiene que sostener a esta. A él siguieron otros filósofos que ofrecieron explicaciones alternativas, como la teoría de Anaxímenes de que la Tierra flota en el aire, por lo que el aire tiene que ser la única sustancia del universo.

Algo y nada

El monismo —la idea de que el universo consiste esencialmente en una única sustancia— dominó la filosofía más temprana, junto con la idea de que la naturaleza fundamental del universo es algo que no

IDEAS PERDURABLES

La antigua filosofía griega tuvo una influencia duradera. Los cuatro elementos básicos de Empédocles derivaron en la química moderna, que utiliza el término «elemento». La física moderna, por otra parte, comparte las ideas de la teoría de las partículas de los atomistas. Y la tesis de que todo se compone de una sola sustancia ha resurgido en la física moderna, con la idea de que toda la materia es energía.

...CUATRO ELEMENTOS...

...O INCONTABLES PARTÍCULAS DIMINUTAS?

¿EL UNIVERSO SE COMPONE DE...

...UNA SUSTANCIA...

⬅ **¿Uno, cuatro o muchos?**
Los primeros filósofos concluyeron que el universo se compone por entero de agua, o de los cuatro elementos o de átomos minúsculos. Algunas de estas ideas tempranas siguen vivas hoy en día.

ni por qué este parece estar cambiando siempre. En su lugar sugirió que, en vez de haber una sola sustancia, hay cuatro, a las que llamó elementos: fuego, agua, tierra y aire. Estos son inmutables, pero se combinan en diferentes proporciones para formar los distintos objetos del mundo, y las combinaciones se transforman de forma continua.

Otra teoría, la que propusieron Demócrito y Leucipo (conocidos como los atomistas), sostenía que todo está compuesto por unas partículas minúsculas, indestructibles e inmutables llamadas átomos. Estas se mueven con libertad en un espacio completamente vacío y se combinan entre sí para formar las distintas sustancias que encontramos en el mundo. Cuando dichas sustancias mueren o se descomponen, los átomos se recombinan para formar algo nuevo.

> **Tales predijo con acierto un eclipse solar; todavía ignoramos cómo lo logró.**

cambia. Parménides utilizó el razonamiento para demostrar que así debe ser. Arguyó que es imposible que algo exista y al mismo tiempo no exista, por lo que no se puede afirmar que exista el estado de la nada: no hay una «nada». Lo que existe, por tanto, no puede proceder de la nada; tiene que haber existido siempre, y seguirá existiendo porque tampoco se puede convertir en nada. Así, el universo debe estar lleno de algo, pues no hay una «nada». Ese «algo» es una única sustancia, inmutable y eterna.

Elementos y átomos
Parménides ofreció un interesante argumento a favor de la naturaleza fundamentalmente inmutable del universo. Sin embargo, algunos disintieron. Para Empédocles, la teoría de Parménides no explicaba la variedad de objetos que se observan en el mundo,

Véanse también: 42–43, 66–67

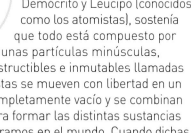

NADA EXISTE EXCEPTO **ÁTOMOS** Y **ESPACIO VACÍO**; TODO LO DEMÁS SON **OPINIONES.**

DEMÓCRITO

LAS CUATRO CAUSAS DE ARISTÓTELES

➔ La causa material
Todo se compone de algo. Uno de esos materiales, que utilizamos para fabricar muebles, es la madera. La madera se extrae de los árboles.

➔ La causa formal
Luego, ese algo se debe disponer de un modo determinado para que adquiera una forma. Este plano indica cómo puede disponerse la madera para fabricar una silla.

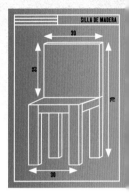

SILLA DE MADERA

¿Posee el universo una

VIVIMOS EN UN UNIVERSO COMPLEJO QUE CAMBIA CONSTANTEMENTE, EL CUAL INTENTARON DESCIFRAR LOS PRIMEROS FILÓSOFOS PREGUNTÁNDOSE DE QUÉ SE COMPONE TODO. TAMBIÉN SE PLANTEARON SI EL UNIVERSO ES TAN CAÓTICO COMO PARECE. ¿EXISTE UNA ESTRUCTURA SUBYACENTE AL UNIVERSO Y A CUANTO HAY EN ÉL? EN TAL CASO, ¿DE DÓNDE SURGE Y CUÁL ES SU PROPÓSITO?

Reglas matemáticas

Desde los albores de la filosofía se ha apuntado la posibilidad de una estructura identificable subyacente a la complejidad del mundo. Tales y sus discípulos propusieron varios modelos del mundo tal como lo conocían, fuera como una tierra flotante en un mar infinito o como un disco llano o con forma de tambor suspendido en el aire. Explicaciones posteriores

> EL **HOMBRE** ES UN MICROCOSMOS DEL **UNIVERSO.**
> DEMÓCRITO

ARMONÍA CELESTIAL

Pitágoras experimentó con cuerdas vibrantes de longitudes diferentes y descubrió una relación matemática entre las notas de una escala musical. Afirmó que las distancias entre los cuerpos celestes y la Tierra se corresponden con longitudes de cuerda que vibran en armonía entre sí, y crean lo que llamó la «música de las esferas».

abarcarían el cosmos entero. Y cuando ya se habían descrito patrones en los movimientos del Sol, la Luna, los planetas y las estrellas, el filósofo Pitágoras los interpretó a su modo: fascinado por las matemáticas, descubrió que las formas geométricas se ajustan a ciertas reglas matemáticas, y dedujo que esto debe ocurrir también con las formas que constituyen los cuerpos celestes. Descubrió asimismo que las notas musicales que, juntas, resultan armónicas se corresponden con un patrón de proporciones matemáticas (véase «Armonía celestial»). Pitágoras concluyó que todo en el universo está gobernado por reglas matemáticas, y que la estructura del universo se puede describir en términos matemáticos.

> **La causa eficiente**
> Para que una cosa cambie, debe intervenir un agente o acontecimiento externo. En este caso, un carpintero dispone las maderas siguiendo el plano de la silla.

> **La causa final**
> Todo tiene una razón de ser, y esta es la causa final, el propósito de algo. La razón de ser de esta silla es que podamos sentarnos en ella.

ESTRUCTURA?

Ideas atomistas

Mientras que Pitágoras buscaba una estructura por medio de las matemáticas y la astronomía, otros filósofos analizaron nuestro universo a una escala menor. Empédocles buscó una explicación a la estructura de las cosas por la manera en que distintas sustancias se forman a partir de combinaciones de fuego, agua, tierra y aire. Y los atomistas Demócrito y Leucipo describieron un universo compuesto por una cantidad infinita de partículas de tipos y formas variados. Todas las sustancias del universo, incluidos seres vivos y objetos inanimados, están compuestos de dichos átomos, y la estructura de cada objeto viene determinada por su tendencia natural a combinarse de maneras específicas. Los atomistas creían algo atípico para su época: que los átomos y las estructuras que estos creaban carecían de causa y de finalidad, por ser los átomos inmutables y eternos.

Cuatro causas

A muchos filósofos no les bastaba con decir que el universo tiene una estructura: había que explicar cómo surgió esta y con qué finalidad. Aristóteles se centró en identificar lo que él denominó las «causas» de todo, aunque él usa la palabra «causa» en un sentido algo diferente al que le damos cotidianamente. Él llamó «causa material» de algo a la sustancia de la que está hecho, y «causa formal» a cómo está constituido ese algo, su forma o estructura, que, a su parecer, seguía unos principios y leyes naturales determinados. La «causa eficiente» se acerca más a nuestra definición ordinaria de «causa»: es aquello que desencadena el cambio, lo que hace que algo suceda o que pase a ser otra cosa. La «causa final», según Aristóteles, es el motivo por el que algo se da y aquello para lo que es: su finalidad. Él sostuvo que, para existir, todo precisa que estas cuatro causas se produzcan al mismo tiempo.

Antes de los filósofos, los movimientos del sol, la Luna, los planetas y las estrellas se relacionaron con los dioses.

Véanse también: 40-41

LOS NÚMEROS GOBIERNAN LAS FORMAS Y LAS IDEAS.
PITÁGORAS

¿Qué es REAL?

CUANDO HABLAMOS DE LO QUE EXISTE, SOLEMOS PENSAR EN OBJETOS FÍSICOS CON UNA SUSTANCIA MATERIAL. PERO TAMBIÉN HAY COSAS EN APARIENCIA NO MATERIALES, COMO LAS IDEAS, LOS PENSAMIENTOS O LOS RECUERDOS, QUE NO PODEMOS VER NI TOCAR, SIN QUE SEAN POR ELLO MENOS REALES. ASÍ QUE, ¿QUÉ ES VERDADERAMENTE REAL?

> EL **MUNDO MENTAL**, O UNIVERSO DE LAS IDEAS, REQUIERE DE UNA CAUSA, IGUAL QUE EL **MUNDO MATERIAL**, O UNIVERSO DE LOS OBJETOS.
>
> **DAVID HUME**

Un mundo material

A la pregunta sobre qué es real, lo obvio es contestar: los objetos con sustancia física, que podemos ver y tocar. Algunos filósofos consideran que la realidad consiste solo en lo que percibimos con los sentidos, el mundo material. Son los llamados materialistas, quienes no creen en la existencia de un mundo no material; para ellos, en la realidad no hay nada que no sea material. Entre los pioneros de esta corriente se hallan Demócrito y Leucipo, que afirmaban que en la realidad no hay más que átomos y espacio vacío, y Epicuro, que desarrolló este razonamiento para probar la no existencia de lo no material, incluida el alma.

Mucho más tarde, cuando la ciencia reemplazó a la religión como fuente principal de conocimiento del mundo, el materialismo se convirtió en la corriente filosófica predominante. En el siglo XIX lo adoptaron los filósofos alemanes Ludwig Feuerbach y Karl Marx, abiertamente opuestos a las tradicionales descripciones religiosas de los mundos no materiales.

Un mundo ideal

En el otro extremo del materialismo está la creencia de que la realidad es fundamentalmente no material, de que nada material existe en realidad. El más convincente adalid de esta corriente, llamada idealismo, fue George Berkeley, quien afirmaba que no percibimos objetos materiales en un mundo físico, sino ideas en nuestra mente. La realidad, pues, solo consiste en ideas y en las mentes que las perciben; no hay una sustancia material. Para que una idea exista, tiene que ser percibida. Pero, si las cosas solamente existen cuando las percibimos, ¿dejan de hacerlo cuando no hay ninguna mente que las perciba? Si un árbol crece en un parque y no hay nadie que lo perciba, ¿sigue estando ahí? Berkeley, que era obispo cristiano, dijo que sí, que las

EL MUNDO MATERIAL
ESTE MUNDO CONTIENE AQUELLO QUE PERCIBIMOS CON LOS SENTIDOS. TODO EN ESTE MUNDO TIENE SUSTANCIA MATERIAL.

Véanse también: 18-19, 20-21

¿EXISTEN LAS COSAS...

cosas siguen existiendo porque siempre son percibidas por la mente de Dios.

Realidad total

Sin embargo, la mayoría de los filósofos acepta la existencia del mundo material, pero reconociendo a la vez la existencia de lo no material. La teoría de Platón de que el mundo cotidiano en que vivimos es solo una «copia» del mundo real de las ideas la adoptaron filósofos cristianos e islámicos, y las grandes religiones diferencian entre el reino terrenal y el ideal. También René Descartes describió la realidad total como la combinación de dos mundos individuales: uno material y otro ideal. Y ni el escéptico Hume negó la realidad de lo no material. Puede que la descripción más influyente de la realidad fuese la de Immanuel Kant, quien dijo que nuestros sentidos y mentes son capaces de experimentar tanto objetos materiales como no materiales, pero que esto es solo una parte de la realidad total: también hay cosas que no podemos conocer y que existen no obstante.

En palabras sencillas, materialista es quien valora las posesiones físicas y las comodidades por encima de los ideales espirituales.

> ESTOY PLENAMENTE CONVENCIDO DE QUE LA **SUSTANCIA MATERIAL** DE QUE HABLAN LOS FILÓSOFOS NO EXISTE.
>
> GEORGE BERKELEY

LA PRUEBA DE JOHNSON

La mayoría de la gente tiene la instintiva sensación de que George Berkeley se equivocaba al afirmar que el mundo material no existe, pero su argumento idealista es difícil de rebatir. No obstante, el escritor Samuel Johnson recurrió al sentido común para hacerlo: le dio una patada a una gran piedra de modo que la bota le rebotó, y dijo: «Así lo refuto».

EL MUNDO IDEAL
ESTE MUNDO CONSISTE EN IDEAS, QUE PERCIBIMOS CON NUESTRA MENTE. AQUÍ NADA TIENE SUSTANCIA MATERIAL.

AMOR

VERDAD

TIEMPO

...SI NO TIENEN FORMA MATERIAL?

¿Es una **ILUSIÓN** el mundo que conocemos?

DESDE LOS PRIMEROS FILÓSOFOS GRIEGOS QUEDA CLARO QUE NUESTRO CONOCIMIENTO DEL MUNDO ES INCOMPLETO, Y QUE SOLEMOS EQUIVOCARNOS. A PARTIR DE LA EXPERIENCIA Y MEDIANTE LA RAZÓN, NOS FORMAMOS UNA IMPRESIÓN DE LO QUE HAY EN EL MUNDO, PERO LOS FILÓSOFOS SE PLANTEAN HASTA QUÉ PUNTO NOS REPRESENTAMOS LA REALIDAD CON PRECISIÓN.

John Locke huyó cinco años de Inglaterra porque sus ideas entraron en conflicto con las del rey.

Véanse también: 16–17, 20–21, 24–25

Falsas impresiones

Muchos filósofos han dicho que lo que experimentamos por medio de los sentidos —lo que vemos, oímos, olemos, saboreamos y tocamos— nos da una falsa idea de lo que hay en realidad. Según Platón, esto se debe a que nuestro mundo solo es una versión ilusoria de la realidad perfecta que no somos capaces de experimentar con los sentidos, un mundo inmaterial de ideas que experimentamos con nuestras mentes. Este concepto de dos mundos experimentados de maneras distintas constituye el núcleo de la filosofía racionalista de René Descartes. Pero él, a diferencia de Platón, no pensó el mundo material como una «sombra» de una realidad ideal. Lo imperfecto no es el mundo, sino nuestros sentidos, que pueden ser burlados y de los que no hay que fiarse para hacerse una idea verdadera del mundo que nos rodea. Más fiable es nuestra capacidad de razonar, con que podemos experimentar el mundo ideal y obtener una mayor comprensión de las cosas tal como son.

Las cualidades de un objeto

Otros filósofos rechazaron el concepto de un mundo ideal e inmaterial. Para los empiristas, la realidad consiste solo en el mundo material en que vivimos, el que experimentamos mediante los sentidos. Usamos la razón para interpretar lo que los sentidos nos dictan, y así obtenemos nuestras ideas sobre el mundo. Uno de esos empiristas fue John Locke, quien propuso que experimentamos el mundo material de dos formas, pues los objetos

> **HAY DOS MUNDOS:** EL DE LA **EXPERIENCIA** QUE SIENTEN NUESTROS CUERPOS Y EL MUNDO TAL COMO ES EN SÍ MISMO.
>
> **IMMANUEL KANT**

❂ Dos mundos, una mente

Arthur Schopenhauer creía que la realidad consiste en una fuerza natural de la que nuestra voluntad forma parte y de objetos materiales que experimentamos mediante los sentidos.

EXPERIMENTAS EL MUNDO A TRAVÉS DE TU VOLUNTAD...

...MIENTRAS OBSERVAS UNA REPRESENTACIÓN DEL MUNDO

¿QUÉ ES NUESTRO MUNDO QUE NOS PARECE TAN REAL CON SUS SOLES Y SUS VÍAS LÁCTEAS? NADA.

ARTHUR SCHOPENHAUER

Donde haya una voluntad...

Kant propuso una explicación que combinaba el racionalismo con ideas empiristas. Rechazó el concepto de mundos separados que podemos experimentar: creía que conocemos por naturaleza las propiedades de los objetos que existen en el espacio y el tiempo, y que usamos ese conocimiento para interpretar lo que los sentidos nos dictan. Sí existe otro mundo, dijo, el de las cosas en sí, pero experimentarlo está más allá de nuestra capacidad. Schopenhauer coincidía con Kant en que la realidad consiste en mundos que podemos experimentar y otros que no: experimentamos nuestro cuerpo como objeto en el mundo, pero también somos conscientes de nuestras intenciones, que hacen que dichos cuerpos se muevan y hagan cosas, esto es, nuestra voluntad, que es un ejemplo de cosa en sí. Concluyó que la realidad consiste en el mundo material, al que llamó mundo de la representación, y una fuerza subyacente de la naturaleza, el mundo de la voluntad. No podemos experimentar el mundo de la voluntad directamente, pero somos conscientes de nuestra voluntad, que forma parte de la voluntad universal presente en todo.

de nuestra experiencia tienen distintas cualidades: las «cualidades primarias de los objetos», como las denominó, son las propiedades independientes de la persona que las observa, como el peso, el tamaño, la posición y el movimiento. Luego están las «cualidades secundarias», que pueden diferir de un observador a otro y son subjetivas, como las de sabor, olor y color. Por más precisa que sea nuestra experiencia de las cualidades primarias de un objeto, nuestras ideas de sus cualidades secundarias son diferentes del objeto como es en sí.

ORIENTE Y OCCIDENTE CONFLUYEN

La idea de Arthur Schopenhauer de que nuestra voluntad forma parte de una voluntad universal es similar al concepto de realidad de la filosofía india. El hinduismo y el budismo consideran que el mundo que vivimos es una ilusión que entorpece nuestra percepción de la realidad eterna y universal, de la que todo forma parte. La iluminación es lo único que nos permite romper el ciclo de renacimientos y percibir ese reino universal del ser: la realidad donde todo es Uno.

PLATÓN

c. 420–347 a.C.

Poco se sabe de los primeros años de la vida de Platón, nacido en la ciudad-estado de Atenas; se cree que estudió poesía y música, que peleó en los juegos ístmicos de Corinto y que sirvió en el ejército ateniense. Pertenecía a una familia bien relacionada y tal vez su destino hubiese estado en la vida política de la antigua Grecia si no se hubiese convertido en discípulo de Sócrates.

EL LEGADO DE SÓCRATES

El maestro de Platón ejerció en él una gran influencia. Tras la muerte de Sócrates en 399 a.C., Platón abandonó la vida pública de Atenas y emprendió un largo viaje, en el que visitó Italia, Egipto y Libia. Como autor de textos filosóficos, nunca se refirió directamente a sí mismo, sino que transcribió diálogos para dejar constancia de las conversaciones que Sócrates mantenía con otros en público.

LA ACADEMIA

En 387 a.C., Platón volvió a Atenas y fundó la Academia, una escuela donde se impartía una gran variedad de materias, como astronomía y filosofía. Entre sus discípulos se contaron Aristóteles, Jenócrates y varias mujeres, como Axiotea de Fliunte. Platón le dejó la escuela a su sobrino Espeusipo; tras él, la Academia continuó abierta durante más de 300 años.

EL MUNDO DE LAS FORMAS PERFECTAS

En la obra de Platón es clave la idea del mundo de las formas, versiones perfectas y eternas de lo que experimentamos directamente en nuestro mundo imperfecto. Ilustró esta teoría mediante el relato de los hombres sujetos de cara al muro de una caverna, con el sol (representación de la verdad) a su espalda; solo ven las sombras de la verdad y creen que estas constituyen la realidad.

Platón fue el primero en contar la leyenda de la ciudad perdida de la Atlántida en sus diálogos Timeo y Critias.

« El precio que los hombres buenos **pagan** por su indiferencia ante los asuntos públicos es el de ser **gobernados** por hombres **perversos**.»

LA REPÚBLICA

Platón, autor de más de treinta diálogos, tuvo un enorme impacto en la filosofía occidental. Una de sus obras más famosas, la *República* (escrita hacia 380 a.C.), trata de la naturaleza de la justicia, de cómo los individuos pueden ser virtuosos y de cómo debería ser el estado ideal. También defiende que una vida justa va de la mano con una vida feliz.

¿Cómo sabemos

AL INTENTAR ESTABLECER QUÉ EXISTE Y QUÉ NO, VARIOS FILÓSOFOS TOMAR
COMO PUNTO DE PARTIDA EXPERIMENTOS CONCEPTUALES QUE NEGABAN L
POSIBILIDAD DE ESTAR SEGUROS DE NADA SALVO DE NUESTRA EXISTENCIA
A PARTIR DE ESTA SOLA CERTEZA, CONSTRUYERON ARGUMENTOS PARA
NUESTRO CONOCIMIENTO DE LA EXISTENCIA DE OTRAS COSAS.

Véanse también:
18–19

El hombre volador

El filósofo islámico Ibn Sina, conocido como Avicena, concibió en el siglo XI una interesante imagen para su experimento conceptual: la del «hombre volador». Se imaginó a un hombre flotando en el aire, con los ojos vendados y sin tocar nada, así que no recibe ninguna información de sus sentidos y no es consciente de su cuerpo ni del mundo que lo rodea. Aun así, es consciente de que existe. Avicena se proponía mostrar que lo que existe es el alma del hombre, distinta de su cuerpo. Sin embargo, al mismo tiempo, planteó preguntas sobre qué podemos saber seguro que existe aparte de nosotros. Unos 600 años después, René Descartes presentó un experimento parecido: el del demonio maligno que engaña a sus sentidos; el objetivo era descartar todo aquello de lo que pudiera dudar y construir su conocimiento del mundo a partir de la sola certeza de que él existía. Pero Avicena y Descartes solo demostraron que existe el «alma» o «mente» y que esta es consciente de su propia existencia, y no que tuvieran cuerpos existentes en un mundo material.

según la historia de Avicena de su propia vida, a los diez años había leído y memorizado todo el corán.

Un cerebro en una cubeta

En la década de 1980, Hilary Putnam, filósofo estadounidense, retomó esos experimentos conceptuales y ofreció una versión actualizada, que plantea preguntas parecidas sobre cuánto podemos conocer de lo que realmente existe. Supongamos, dijo, que no existo del modo que yo creo,

¿REALMENTE EXPERIMENTAS LA VIDA O SOLO ERES UN CEREBRO EN UNA CUBETA?

Conectados al mundo

Hilary Putnam describió un experimento concept
en el que existimos como cerebros en una cubet
conectados a un ordenador que nos hace pensa
que experimentamos el mundo que nos rodea.

que algo **EXISTE?**

COGITO ERGO SUM (PIENSO, LUEGO EXISTO).
RENÉ DESCARTES

sino que formo parte del experimento de un científico que me ha extraído el cerebro y lo mantiene con vida en una cubeta. Mi cerebro está conectado a un ordenador que lo estimula y me hace pensar que experimento el mundo cuando solo se trata de una serie de señales eléctricas. Cada experiencia sería igual que si la experimentara con un cuerpo real en un mundo real, y yo no tendría modo de saber que no es así. En el experimento mental de Putnam, existe un mundo externo (científico, ordenador y cerebro en cubeta), pero de él solo conozco las ilusiones que se presentan a mi cerebro.

No hay certeza
Descartes y Putnam se limitaron a adoptar un enfoque escéptico como punto de partida para determinar cómo podemos

saber que existimos, pero a muchos filósofos les han parecido convincentes las situaciones descritas en tales experimentos. El demonio y el cerebro en la cubeta son imágenes muy potentes, y cuesta encontrar un motivo para no creer que son de verdad. Pero, entonces, ¿cómo saber siquiera que existe el mundo que experimentamos? Los filósofos seguirán debatiendo este asunto hasta que obtengamos una respuesta definitiva.

MATRIX
La trilogía de películas de ciencia-ficción *Matrix* popularizó el experimento conceptual de realidad simulada. En estos filmes, unos ordenadores con conciencia controlan las mentes de los humanos por medio de implantes, engañándoles para que crean en un mundo virtual completamente distinto al de su cautiverio real.

¿Hay un **DIOS**?

EN SU INTENTO DE ENTENDER LA SUSTANCIA Y ESTRUCTURA DEL UNIVERSO Y QUÉ SIGNIFICA QUE ALGO EXISTA, LOS FILÓSOFOS HAN REFLEXIONADO SOBRE CÓMO PUEDE LAS COSAS LLEGAR A SER. MUCHOS CREYERON QUE UN DIOS FUE EL CREADOR DEL UNIVERSO, Y BUSCARON ARGUMENTOS CON QUE PROBAR SU EXISTENCIA.

Causa y finalidad

Muchos de los argumentos a favor de un ser supremo que creó el universo se remontan a la filosofía de Platón y Aristóteles, y más tarde los adoptaron filósofos cristianos al intentar conciliar su fe con el razonamiento filosófico. Uno de los principales interrogantes sobre la existencia es por qué existen las cosas. No parece posible que el universo cobrara existencia por sí solo, así que tuvo que ser creado, tuvo que haber una causa. La objeción evidente es que esa causa precisaría a su vez de otra, pero según los filósofos que apoyaron este «argumento cosmológico» hay una causa primera y sin causa, la cual entendemos que es Dios.

Otro argumento, el «teleológico» o de la finalidad, dice que en el universo podemos detectar patrones definidos: la Tierra se mueve siguiendo un curso predecible, y un polluelo crecerá y se convertirá en ave. Estos patrones indican que el universo ha sido cuidadosamente trazado y, esto es, tiene que ser obra de algún creador con un propósito; a saber, Dios.

Un ser perfecto

El filósofo cristiano medieval santo Tomás de Aquino estableció cinco

> EXISTE ALGO QUE ES LA CAUSA DE LA **EXISTENCIA** DE TODO, DE LA **BONDAD** Y DE TODA **PERFECCIÓN** QUE PUEDA HABER. A ESE ALGO LO LLAMAMOS **DIOS**.
>
> SANTO TOMÁS DE AQUINO

EL PROBLEMA DEL MAL

El hecho de que exista el mal en el mundo se usa como argumento para negar que haya un Dios omnipotente y benévolo. Si un dios bueno desea evitar el mal pero es incapaz de hacerlo, ya no es omnipotente. Si es capaz pero no lo desea, no es benévolo. Si ni lo desea ni es capaz, no hay motivo para llamarlo Dios.

SEGÚN ESTOS ARGUMENTOS...

TELEOLÓGICO
EL UNIVERSO Y CUANTO HAY EN ÉL ESTÁ CONCEBIDO DE ACUERDO A UN PLAN O FINALIDAD ESPECÍFICA, Y QUIEN LO CONCIBE ES DIOS.

argumentos para probar la existencia de Dios; los llamó *quinque viæ* («cinco vías»). Partió del argumento teleológico y de tres versiones del argumento cosmológico de Platón y Aristóteles, pero la quinta «vía» la halló en la obra del teólogo del siglo XI san Anselmo. Este definió a Dios como un ser tan grandioso, que no se puede concebir nada mayor que él. Si nos podemos imaginar a un ser tan perfecto, es que Dios existe como concepto en nuestras mentes. Pero un ser perfecto que exista en la realidad será a todas luces aún mayor que el que exista solo en nuestra mente. Nos imaginamos, pues, a un ser mayor que nuestra idea inicial de Dios, existente tanto en nuestra mente como en la realidad. Tal ser, Dios, debe, por tanto, existir; negar su existencia entraría en contradicción con la definición que da Anselmo de Dios.

para santo Tomás de Aquino, todo ser vivo posee alma, incluidas las plantas.

Sin pruebas

Pero no todo el mundo se convenció con estos argumentos, cuya fuerza cuestionaron incluso algunos que creían en la existencia de Dios. Por lógico que parezca, el «argumento ontológico» de san Anselmo presupone que podemos imaginar al mayor ser concebible, cuando tal vez no sea así. Por su parte, el argumento cosmológico supone que todo debe tener una causa, y que la causa que origina todas las demás causas solo puede ser Dios; pero ¿por qué? Y el argumento de la finalidad tampoco es concluyente pues, más que demostrar, sugiere la existencia de un creador con un propósito. Hacia el siglo XIX, cada vez más filósofos adoptaron una postura escéptica ante la fe en Dios: fue imperando la opinión de que, puesto que es imposible mostrar o refutar la existencia de Dios de modo concluyente, se debe considerar una cuestión de fe más que filosófica.

Véanse también: 112–113, 140–141

EL SEÑOR ES ALGO TAN GRANDE QUE NADA MAYOR PUEDE SER CONCEBIDO.
SAN ANSELMO

...DIOS EXISTE

ONTOLÓGICO
NOS PODEMOS IMAGINAR AL MAYOR Y MÁS PERFECTO SER; POR LO TANTO, ESE SER, DIOS, DEBE EXISTIR EN LA REALIDAD. ASÍ PUES, DIOS EXISTE.

COSMOLÓGICO
EL UNIVERSO NO PUDO HABER COBRADO EXISTENCIA POR SÍ SOLO, DE LA NADA. TIENE QUE HABER SIDO CREADO POR ALGO: DIOS.

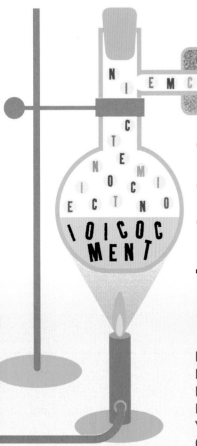

La **CIENCIA** no tiene todas las respuestas

LA CIENCIA PARECE HABER DADO RESPUESTA A MUCHAS DE LAS PRIMERAS PREGUNTAS SOBRE EL UNIVERSO, Y LOS NUEVOS DESCUBRIMIENTOS CIENTÍFICOS EXPLICAN MEJOR EL MUNDO. SIN EMBARGO, SIEMPRE HABRÁ ALGO POR DESCUBRIR Y QUIZÁ SIEMPRE QUEDEN PREGUNTAS QUE LA CIENCIA SEA INCAPAZ DE RESPONDER.

Francis Bacon fue consejero de los reyes de Inglaterra Isabel I y Jacobo I.

El método científico

La filosofía occidental empezó con preguntas sobre el universo físico: de qué está hecho y cómo se estructura. Los filósofos ofrecieron teorías cada vez más sofisticadas para explicar el mundo natural, utilizando su capacidad de razonar para desarrollar argumentos lógicos basados en lo que observaban a su alrededor. Este proceso de observación y razonamiento, que Aristóteles fue el primero en reconocer formalmente como método de indagación, derivó en la «filosofía natural», lo que hoy llamamos ciencia. En el siglo XVI se produjeron gran cantidad de

logros científicos —como la teoría copernicana de un universo que gira alrededor del Sol y las investigaciones de Vesalio sobre la anatomía humana— que afianzaron la ciencia por encima de la religión como fuente de nuestro conocimiento del mundo natural. Pero fue el filósofo Francis Bacon quien comprendió que, más que limitarse a observar lo que parece ocurrir, era necesario proporcionar un marco fiable, un método científico para poner a prueba nuevas teorías por la experimentación.

Progreso científico

Los científicos, amparados por la autoridad de un método científico, hicieron descubrimientos y propusieron teorías en un periodo que se ha dado en llamar revolución científica. La ciencia descubrió algunos principios constantes del universo, las leyes de la física, la química y el mundo viviente. Los nuevos

> **TODAS LAS METODOLOGÍAS, INCLUSO LAS MÁS OBVIAS, TIENEN SUS LÍMITES.**
> **PAUL FEYERABEND**

BUSCAMOS CONOCIMIENTO MEDIANTE EL MÉTODO

Véanse también:
84–85, 100–101

> LOS CIENTÍFICOS SOLO SE COMPORTAN COMO FILÓSOFOS CUANDO HAN DE ELEGIR ENTRE DOS **TEORÍAS RIVALES.**
>
> THOMAS KUHN

Conocimiento a prueba

Siempre que pueden, los científicos someten las teorías a rigurosas pruebas. Si una teoría no las supera repetidamente, será necesario modificarla o reemplazarla por otra más adecuada.

CONOCIMIENTO

descubrimientos llevaron a nuevas teorías, cada cual más compleja que la anterior. En ocasiones, un gran hallazgo implicaba un cambio de mentalidad total, lo que el filósofo Thomas Kuhn denomina un «cambio de paradigma». Estos puntos de inflexión, como el paso de la física newtoniana a la einsteniana, son propios del avance científico y nos proporcionan un conocimiento cada vez más completo de la verdad científica. Para Paul Feyerabend, no obstante, siempre que se da un cambio así, los conceptos y métodos usados cambian también, así no hay un marco permanente para determinar dicha verdad.

Preguntas sin responder

Desde la revolución científica en adelante, el avance de la ciencia ha desplazado los focos de atención del pensamiento filosófico: a medida que los interrogantes sobre la sustancia y la estructura del universo se iban resolviendo gracias a la física y la química, los filósofos se centraron más en la naturaleza y el significado de la existencia que en su composición física. En

época más reciente, la psicología y la neurociencia han arrojado nueva luz sobre nuestro comportamiento, los mecanismos de nuestra mente y la adquisición de conocimiento. No obstante, la ciencia no puede explicarlo todo. Nos permite conocer cada vez mejor tanto el mundo físico como nuestro mundo mental, pero hay preguntas sobre la moralidad y el significado de nuestra existencia que, por lo visto, permanecerán para siempre fuera del alcance de la ciencia.

EL BIG BANG

Las explicaciones científicas suelen plantear nuevas incógnitas. La teoría científica del big bang como principio del universo nos lleva a preguntarnos: «¿Y antes?» o «¿Qué lo causó?». Según los físicos, nada, literalmente: antes no existió ni siquiera el tiempo, un nuevo desafío a nuestras ideas filosóficas sobre la naturaleza de la existencia.

TOMÁS DE AQUINO

(c. 1225–1274)

El menor de los nueve hijos de un conde italiano, Tomás de Aquino, ingresó en el monasterio de Montecassino con apenas cinco años. Luego estudió en la Universidad de Nápoles y en París, donde era conocido como el «buey mudo» por su silencio durante el estudio. Y es que santo Tomás estaba ocupado absorbiendo información, clave para que se convirtiera en uno de los más destacados teóricos de la Iglesia católica.

¡RAPTADO!

En Nápoles, santo Tomás recibió la influencia de los dominicos, orden religiosa consagrada al estudio y a la asistencia a los pobres. Su familia, que se oponía a que ingresara en dicha orden, lo raptó en 1243 y lo mantuvo prisionero más de un año para tratar de que cambiase de parecer. Pero sus parientes admitieron la derrota y le dejaron libre. Volvió con los dominicos y fue enviado a París.

Considerado el mayor erudito eclesiástico de su época, Tomás de Aquino fue canonizado en 1323 por el papa Juan XXII.

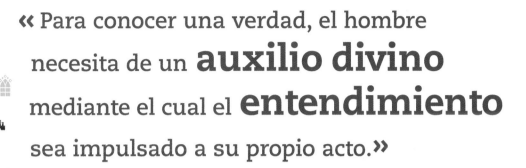

« Para conocer una verdad, el hombre necesita de un **auxilio divino** mediante el cual el **entendimiento** sea impulsado a su propio acto. »

VIDA DE APRENDIZAJE

Como miembro de la orden dominica, santo Tomás dedicó su vida al aprendizaje, la enseñanza y la escritura. Sus más de 60 obras lo hacen un autor muy productivo para la época. *Summa Theologica*, una de ellas, está compuesta por miles de páginas manuscritas por escribas en donde busca la respuesta a todo un abanico de interrogantes sobre Dios y la Iglesia.

EL UNIVERSO NO SIEMPRE HA EXISTIDO

A santo Tomás corresponde en parte la responsabilidad de haber popularizado la obra de Aristóteles en la Europa medieval, al leer traducciones del árabe y escribir comentarios sobre ellas. Incluso se refirió a Aristóteles como «el Filósofo» a lo largo de su *Summa Theologica*. Aun así, santo Tomás no adoptó todas las teorías de Aristóteles; estaba especialmente en desacuerdo con la idea de que el universo y la Tierra son eternos porque no tuvieron un principio.

CONCILIACIÓN DE LA FE Y LA RAZÓN

Santo Tomás vivió en una época en que la Iglesia y la teología chocaban con la ciencia y la filosofía. Para muchos, la filosofía no tenía lugar en el seno del cristianismo, sobre todo la de no cristianos como Aristóteles. Santo Tomás creía que, puesto que «ambos tipos de conocimiento proceden de Dios en último término», se pueden ayudar entre sí.

¿Qué es el TIEMPO?

EN EL MUNDO ACTUAL, SOMOS ESPECIALMENTE CONSCIENTES DEL PASO DEL TIEMPO. EXPERIMENTAMOS EL CAMBIO DE LAS ESTACIONES Y EL TRANSCURRIR DE LOS DÍAS, Y HEMOS INVENTADO FORMAS DE MEDIR EL TIEMPO, AUNQUE NOS CUESTE DEFINIRLO. TAMBIÉN LO EXPERIMENTAMOS COMO UN ASPECTO FUNDAMENTAL DE NUESTRO PASO POR LA VIDA.

TODO CAMBIA, NADA PERMANECE.

HERÁCLITO

Véanse también: 46–47

Existencia y cambio

Los antiguos filósofos observaron que vivimos en un universo de apariencia compleja, donde las cosas cambian de forma constante. En su intento de comprender la naturaleza de la realidad, buscaron algún tipo de estabilidad para hallar aquello que es eterno e inmutable. Había que encontrar una explicación para el cambio: por ejemplo, en términos de combinación y recombinación de los elementos inmutables o átomos. Así, Heráclito opinó que el universo se transforma siempre, y dijo que las cosas consideradas eternas e inmutables se hallan en un «estado de flujo» constante. Explicó que, así como no podemos bañarnos dos veces en el mismo río debido a su flujo continuado, tampoco podemos experimentar el mundo del mismo modo en momentos diferentes. Según él, la realidad no consiste en objetos o sustancias sujetos al cambio, sino en procesos que se suceden en el tiempo.

Según Kant, espacio y tiempo son «lentes inamovibles» y forman parte del sistema de organización de la mente.

Conciencia del tiempo

Siglos después, Immanuel Kant explicó la realidad en términos de un mundo de «cosas en sí» que, a diferencia del mundo que experimentamos, está fuera del espacio y el tiempo. Kant decía que, pese a que vivimos en un mundo de espacio y tiempo, no experimentamos el tiempo directamente, sino que obtenemos una impresión a partir de los objetos del mundo que cambian, como el día que

REGRESO AL FUTURO

En física, hay teorías que apuntan a la posibilidad de viajar en el tiempo. Esto plantea interesantes cuestiones filosóficas sobre la naturaleza del tiempo, así como de la existencia y la identidad: por ejemplo, si viajara al pasado y matase a mi abuelo antes de que naciera mi padre, yo no llegaría a existir. Y si me visito a mí mismo de joven para avisarme de los errores que he cometido, ya no los cometeré.

LA REALIDAD ES UN PROCESO HISTÓRICO.

GEORG HEGEL

EXISTIMOS EN EL ESPACIO Y EN EL TIEMPO

sucede a la noche o la caída de arena en una ampolleta. Pero el filósofo alemán Georg Hegel señaló que no solo somos conscientes del tiempo por los objetos del mundo que cambian; además, formamos parte del mundo en que vivimos, así que también nuestra conciencia está sujeta al cambio. Experimentamos el paso del tiempo como un proceso histórico, en el que el espíritu de cada periodo de tiempo (el *Zeitgeist*) cambia inevitablemente al surgir nuevas ideas.

Nuestro ser es tiempo

En el siglo xx, el filósofo francés Henri Bergson, influido por la teoría de la evolución de Charles Darwin, consideró la realidad como un proceso evolutivo, un continuo, similar al concepto de Heráclito del flujo en constante transformación. Afirmó también que tenemos una experiencia interna y directa del tiempo y que esta es la naturaleza esencial de nuestra existencia. Martin Heidegger llegó a una conclusión parecida, aunque a partir de una perspectiva diferente. Existimos en el mundo de espacio y tiempo y, además de ser conscientes de nuestro lugar físico en él, lo somos de nuestro presente, así como de un futuro y un pasado y de que nuestras vidas tienen un principio y un final. No solo experimentamos el tiempo, sino que nuestro ser es tiempo. Algunos filósofos, pese a esta influyente visión, siguen defendiendo que el tiempo es un aspecto de la percepción humana más que de la realidad.

◔ El tiempo que vivimos

Así como somos conscientes de nuestro lugar en el mundo físico (en el que estamos en relación con otros objetos del universo), también lo somos de nuestro lugar en el tiempo. Definimos nuestra existencia mediante el paso del tiempo.

¿Cuál es el sentido de mi **EXISTENCIA**?

ANTE LOS INTERROGANTES SOBRE LA EXISTENCIA, LOS FILÓSOFOS PASARON DE EXAMINAR EL MUNDO A FIJARSE EN NUESTRO LUGAR EN ESE MUNDO. ALGUNOS ESTUDIARON LA NATURALEZA DE LA EXISTENCIA HUMANA, CÓMO EXISTIMOS COMO INDIVIDUOS Y SI PODEMOS HALLAR SENTIDO A NUESTRAS VIDAS.

Somos libres para elegir

aunque **søren kierkegaard** buscó incansable el sentido de la vida, nunca perdió su fe en dios.

Uno de los más reputados filósofos que han reflexionado sobre el sentido de la existencia humana es el danés Søren Kierkegaard, en el siglo XIX. Creía que, si muchas de las explicaciones filosóficas al respecto se contradicen con nuestra experiencia individual, es porque tenemos la capacidad de elegir entre diferentes opciones que determinen nuestras vidas. Según él, tenemos la libertad de tomar decisiones morales sobre cómo dirigir nuestras vidas, y esto es lo que les otorga significado. Sin embargo, tal libertad de elección no nos trae necesariamente la felicidad. Al contrario: al comprender que somos totalmente libres de hacer lo que sea, la cabeza nos da vueltas y sentimos miedo y ansiedad. Kierkegaard lo llamó «vértigo de la libertad», y procede de la conciencia de la propia existencia y

Véanse también: 32–33, 46–47, 58–59

¿POR QUÉ HAY ALGO Y NO MÁS BIEN NADA? HE AQUÍ LA CUESTIÓN.
MARTIN HEIDEGGER

responsabilidad personal. Hay que decidir entonces si desesperarse y optar por no hacer nada o bien vivir «auténticamente», optando por algo que dé sentido a nuestra vida.

Comprender el potencial

Otros filósofos partieron de la idea de Kierkegaard de que somos libres de determinar nuestras vidas por nosotros mismos. Friedrich Nietzsche, por ejemplo, sostenía que corresponde a cada individuo comprender su propio potencial y no dejarse dirigir por convenciones o por una religión. Más tarde, Edmund Husserl afirmó que si, como dijo Immanuel Kant, existe un mundo de cosas en sí separado del espacio y el tiempo, y carecemos de medios para entenderlo o experimentarlo, toda idea que nos hagamos de ese mundo es mera especulación, de manera que, en la práctica, podríamos ignorarlo y centrarnos en el mundo tal y como lo experimentamos, al que Husserl llamó *Lebenswelt* —el mundo en que vivimos. Este enfoque subjetivo, focalizado en la

⊖ Libre pensamiento
Algunos filósofos consideran
a los individuos libres de hacer
lo que quieran con sus vidas.
No tenemos por qué vivir dentro
de las limitaciones de nuestra
sociedad.

SOMOS LIBRES DE BUSCAR NUESTRO SENTIDO VITAL

propia experiencia, fue adoptado entonces por Martin Heidegger, quien afirmó que la filosofía ha intentado hallar explicaciones a la existencia, pero para entender esta tenemos que examinarnos antes a nosotros mismos y a nuestra existencia propia, es decir, qué significa para nosotros existir.

El sentido de la vida

Las ideas de Heidegger ejercieron gran influencia en la siguiente generación de filósofos, sobre todo en Francia. El término «existencialismo» se acuñó para describir la filosofía surgida en la segunda mitad del siglo XX que estudiaba la existencia humana, concretamente, la búsqueda de un significado o una meta en la vida en un mundo cada vez más reacio a Dios y la religión. Entre dichos filósofos destacó Jean-Paul Sartre, quien sostuvo que no elegimos existir. Nacemos en un mundo en el que estamos obligados a vivir, pero, una vez alcanzada la conciencia de nuestra existencia, debemos crear nuestro propio objetivo en la vida para darle significado. Albert Camus, novelista como Sartre

además de filósofo, fue más pesimista: según él, nuestra vida no tiene una finalidad fundamental, y para afrontar la ansiedad que nos provoca la autoconciencia debemos elegir entre aceptar lo banal y absurdo de la existencia o bien no existir en absoluto.

> EL HOMBRE ESTÁ **CONDENADO** A SER **LIBRE;** PORQUE UNA VEZ ARROJADO AL MUNDO, ES **RESPONSABLE** DE TODO LO QUE HACE.
>
> **JEAN-PAUL SARTRE**

ANGUSTIA EXISTENCIAL

Søren Kierkegaard describió la «angustia existencial», la ansiedad que sentimos al ser conscientes de nuestra existencia y de las opciones que tenemos, como algo semejante a la sensación de estar al borde de un precipicio. Estamos ansiosos no solo por el miedo a caer, sino porque sentimos el impulso de lanzarnos al vacío. Vemos que lo único que podemos decidir es si saltamos o no.

La idea de los átomos como bloques constituyentes del universo es original de los filósofos de la antigua Grecia. Estudios recientes de mecánica cuántica sugieren que las partículas subatómicas pueden avanzar y retroceder en el tiempo y estar en varios sitios a la vez, lo que hace posibles, en teoría, los viajes en el tiempo.

ESPACIO Y TIEMPO

Metafísica
APLICADA

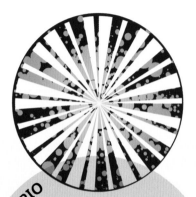

EN EL PRINCIPIO

Los científicos, como hicieron los filósofos antes de ellos, se han planteado si el universo ha existido siempre o no. Teorías recientes como la del big bang sugieren que el universo tuvo un principio determinado y que nada, ni siquiera el tiempo, existió previamente.

ASÍ ES LA VIDA

Nuestro deseo de entender la naturaleza de todo lo que existe ha dado pie a ciencias como la física, la química y la biología, que estudia los seres vivos. La genética se acerca aún más a la investigación de la vida en sí, y los avances médicos han posibilitado incluso restituir genes y tratar enfermedades.

Existe una inmensa variedad de seres en el mundo, tanto vivos como inanimados. Al intentar comprender el motivo de tan increíble diversidad, se desarrolló la ciencia de la ecología, que estudia la interdependencia entre todos los seres vivos y su entorno.

LA VIDA EN LA TIERRA

EL SENTIDO DE LA VIDA

Tratar de asumir la mortalidad y el aparente sinsentido de nuestra existencia puede resultar traumático, pero la filosofía existencialista también ha influido en la psicoterapia, que nos ayuda a responsabilizarnos de nuestros actos y hallarle una finalidad a la vida.

La metafísica, la rama de la filosofía que se centra en la naturaleza de la existencia, se pregunta por el mundo que nos rodea, a lo que tratan de responder las ciencias naturales. Pero también estudia el motivo de nuestra existencia, que puede influir en cómo vivimos nuestra vida.

OTROS MUNDOS

Unas tres cuartas partes de la población mundial es creyente, y la mayoría cree en algún tipo de vida aparte de esta en que vivimos. Conceptos como el de esa otra vida, el cielo o el infierno, o el del acceso a otro mundo mediante prácticas religiosas suelen determinar cómo vivimos nuestra existencia.

¿Qué es la MENTE?

¿Existe un alma INMORTAL?

¿Es tu MENTE independiente de tu CUERPO?

¿Qué es la CONCIENCIA?

Los ANIMALES también sienten y piensan

¿SIENTES lo mismo que yo?

¿Qué HACE que tú seas TÚ?

¿Los ORDENADORES piensan?

¿Se puede explicar cómo funciona la MENTE?

La filosofía de la mente tiene su origen en la idea religiosa de que poseemos un alma inmortal, responsable de nuestros pensamientos y sentimientos. Algunos filósofos han considerado que la mente está separada de nuestro cuerpo físico. Esta rama de la filosofía también se plantea si podemos tener algún conocimiento de la mente de los otros, y, además, estudia la conciencia.

¿Existe un alma
INMORTAL?

ES UNA CREENCIA FUNDAMENTAL EN MUCHAS RELIGIONES QUE, ADEMÁS DE NUESTRO CUERPO FÍSICO, TENEMOS UN ALMA QUE SIGUE VIVIENDO DESPUÉS DE LA MUERTE. SIN EMBARGO, LOS FILÓSOFOS NO SE PONEN DE ACUERDO SOBRE LA EXISTENCIA DE UN ALMA INMORTAL. SEGÚN ALGUNOS, SÍ TENEMOS UN «ESPÍRITU», EL CUAL ES INMATERIAL Y ETERNO, MIENTRAS QUE OTROS PIENSAN QUE ESTE FALLECE JUNTO A NUESTRO CUERPO FÍSICO.

La psique eterna

Durante la mayor parte de la historia de la filosofía occidental, pocos filósofos han dudado de que nuestra existencia consista en factores tanto físicos como no materiales. En lo que no han coincidido, en cambio, es en la naturaleza de la parte no material de nuestro ser. Sócrates y Platón, por ejemplo, creían que las personas poseen tanto un cuerpo físico como una «psique», que corresponde a lo que hoy llamamos alma, espíritu o mente. Para Platón, la psique es la verdadera esencia de una persona y la forman tres elementos: el *logos* (la mente o razón), el *timos* (la emoción o espíritu) y el *eros* (el deseo o apetito). Nuestro cuerpo físico experimenta el mundo cotidiano por medio de los sentidos, pero nuestra psique nos da acceso a un mundo perfecto, independiente de este en que vivimos y al que Platón llamó mundo de las ideas. La psique es eterna e inmaterial; según Platón, nuestro conocimiento innato de ese otro mundo es lo que recuerda nuestra psique de su existencia previa al momento en que nacimos. Una vez muertos, nuestra psique renace en otros cuerpos físicos.

se dice que el filósofo griego Empédocles pereció al arrojarse a un volcán para demostrar que era inmortal.

Cuerpo y alma

Aristóteles ofreció una explicación muy diferente de la psique. Para empezar, dijo que esta no existe independientemente de nuestro cuerpo físico, sino que es la esencia de todo objeto viviente, la finalidad de su ser. Todos los seres vivos, y no solo los humanos, poseen alguna forma de «alma» en este sentido: las almas simples de las plantas, cuya psique se caracteriza por su finalidad de crecer y reproducirse; las de los animales, con finalidades más complejas en la vida; y la psique de los seres humanos, que incluye el intelecto y la emoción. La psique de

EL ALMA DE TODOS LOS HOMBRES ES INMORTAL.

SÓCRATES

CUANDO LLEGA LA MUERTE, DEJAMOS DE EXISTIR.

EPiCURO

Véanse también: 20-21, 46-47

...PERO NUESTRA ALMA VIVE PARA SIEMPRE

Todo organismo vivo es inseparable de su existencia física y, para Aristóteles, no puede haber organismo viviente sin psique, ni alma sin un cuerpo físico. Y, ya que todas las criaturas vivas son mortales, su psique muere con ellas.

Cuestión de fe

La palabra «alma» no significa para nosotros lo mismo que para Aristóteles el concepto de psique, y tiene connotaciones religiosas. La idea de un alma inmortal que, más allá de la muerte, vive en otro mundo es clave en el cristianismo y el islam, y ambas religiones incorporaron en su doctrina argumentos de Platón y Aristóteles a favor de la existencia de una psique. En la filosofía oriental, y en especial en la de la India, la noción de un «yo» que atraviesa de forma continua un

⊙ El espíritu continúa

La definición de Platón de la psique abarcaba ideas, emociones y deseos; lo que, hoy en día, identificaríamos con la mente. Como en muchas religiones, él creía en la vida del alma después de la muerte.

LOS CUERPOS DESAPARECEN...

ciclo de muerte y renacimiento, donde el alma se reencarna en otro cuerpo físico, está prácticamente fuera de duda. Sin embargo, creer en un alma inmortal, como creer en la existencia de Dios, es, en último término, una cuestión de fe más que filosófica. Pero, aunque muchos filósofos rechazaran la idea de la inmortalidad del alma, otros han aceptado que podemos ser algo más que simples cuerpos físicos, que hay también algo no material, a lo que llamamos mente.

LOS ATOMISTAS

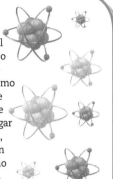

Entre los primeros filósofos que debatieron sobre la inmortalidad del alma estaban los atomistas Leucipo y Demócrito. Ellos no negaban que tengamos alma, pero decían que, como todo lo demás, esta se compone de átomos; tras la muerte, las almas se dispersan y se reagrupan en otro lugar en forma de otro objeto. Más tarde, Epicuro afirmaría que, si no existen más que átomos y espacio vacío, no puede existir un alma no material.

¿Es tu MENTE

EXPERIMENTAMOS CON LOS SENTIDOS, PERO TAMBIÉN TENEMOS PENSAMIENTOS Y SENTIMIENTO
QUE SON MENTALES MÁS QUE FÍSICOS. ALGUNOS FILÓSOFOS HAN AFIRMADO QUE TENEMOS UNA
MENTE QUE NO ESTÁ HECHA DE NINGUNA SUSTANCIA MATERIAL Y EXISTE APARTE DE NUESTRO
CUERPO FÍSICO. PARA OTROS, LA MENTE FORMA PARTE INHERENTE DEL CUERPO.

> ## ES MANIFIESTO QUE SOY DISTINTO DE MI CUERPO, Y QUE PUEDO EXISTIR SIN ÉL.
> **RENÉ DESCARTES**

Véanse también:
26-27, 76-77

Una mente independiente

René Descartes, decidido a basar su filosofía solo en aquello de lo que no pudiera dudar, llegó a la conclusión de que podía estar seguro de su existencia como ser pensante: *cogito ergo sum*, «pienso, luego existo». Vio que sus sentidos podían verse engañados y, puesto que los relacionaba con su cuerpo físico, concluyó que el ser existente y pensante tenía que ser independiente de su cuerpo: una mente sin sustancia material. El cuerpo, añadió, es

puramente físico y se comporta como una máquina, mientras que la mente es capaz de pensar y razonar. Esta idea de que mente y cuerpo son dos cosas distintas, conocida como dualismo mente-cuerpo, tiene mucho en común con el concepto religioso de alma. La mente que describe Descartes, sin embargo, es el reino de nuestro ser mental, más que espiritual.

La unión de mente y cuerpo

Un problema de considerar la mente y el cuerpo como entidades separadas y distintas es que resulta evidente que ambos interactúan. Si el cuerpo no es más que una máquina, sus acciones deben ser controladas por la mente. Del mismo modo, la mente debe recibir información de los sentidos para que experimente el mundo exterior. Para un filósofo que acepta el dualismo mente-cuerpo, el punto obvio de conexión es el cerebro, y Descartes llegó a proponer que la interconexión entre ambos es la glándula pineal, a la que calificó de «asiento del alma». Pero el filósofo holandés Benedictus de Spinoza sugirió otra solución a este problema: que el

FISICALISMO

Un grupo de filósofos llamados fisicalistas creen que todo lo que existe en el mundo puede explicarse en términos físicos. Esto no significa que todo posea una sustancia física, sino que nuestras experiencias mentales, por ejemplo, se pueden explicar en términos de la fisiología de nuestro cerebro, o de nuestra propensión a determinado tipo de comportamiento. Los hechos físicos, dicen, han de tener causas físicas, y una mente no física no podría tener ningún efecto en el comportamiento de un cuerpo físico.

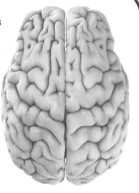

> ## LA MENTE HUMANA ES PARTE DEL INTELECTO INFINITO DE DIOS.
> **BENEDICTUS DE SPINOZA**

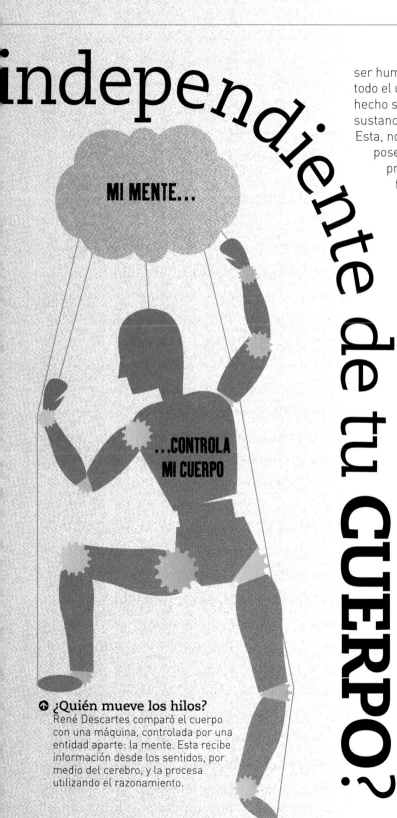

independiente de tu CUERPO?

MI MENTE...

...CONTROLA MI CUERPO

⬆ ¿Quién mueve los hilos?
René Descartes comparó el cuerpo con una máquina, controlada por una entidad aparte: la mente. Esta recibe información desde los sentidos, por medio del cerebro, y la procesa utilizando el razonamiento.

ser humano, como todo el universo, está hecho solo de una sustancia material. Esta, no obstante, posee dos tipos de propiedades diferentes: físicas y mentales. En su «dualismo de atributos», como se le llamó, nuestro cuerpo físico (y, según Spinoza, todos los objetos físicos, incluidas las piedras) posee también atributos no físicos, mentales. Para Spinoza, esta idea tenía un contenido religioso, ya que él pensaba que esa única sustancia material es Dios: Dios es el universo y cuanto hay en él, todo lo cual tiene a la vez propiedades mentales y físicas.

> La psicología se desarrolló como una ciencia con un propósito concreto: estudiar la mente.

Un fantasma en la máquina

Algunos filósofos rechazaron la idea dualista que distingue entre lo mental y lo físico. En el siglo xx, sobre todo, reinó la sensación de que los hechos mentales se podían explicar en términos del funcionamiento físico del cerebro. El filósofo británico Gilbert Ryle descartó la idea de una mente separada del cuerpo, ya que se nos podría hacer creer que una máquina posee una mente consciente cuando, de hecho, solo está haciendo la tarea que se le ha asignado; lo único que vemos, dice, es un «fantasma en la máquina». Asimismo, lo que Descartes consideraba una mente aparte es en realidad parte integrante de nuestro cuerpo físico, el modo en que funciona y cómo se comporta.

¿Qué es la CONCIENCIA?

COMO HUMANOS, PODEMOS EXPERIMENTAR EL MUNDO QUE NOS RODEA POR MEDIO DE LOS SENTIDOS, Y TENEMOS PENSAMIENTOS Y SENTIMIENTOS. TAMBIÉN NOS DAMOS CUENTA DE QUE TENEMOS DICHAS EXPERIENCIAS, SOMOS CONSCIENTES DE NUESTRAS SENSACIONES Y PROCESOS MENTALES. PERO LA CONCIENCIA ES ALGO PERSONAL, Y CUESTA DEFINIR CON EXACTITUD QUÉ ES SER CONSCIENTE.

NUESTROS PENSAMIENTOS ESTÁN ORGANIZADOS EN UN FLUJO DE CONCIENCIA

Darse cuenta de la propia existencia

Casi todos los filósofos reconocerían la existencia de elementos no materiales, como los pensamientos y los sentimientos. Incluso los fisicalistas, que rechazan la noción de una mente inmaterial separada del cuerpo, admiten que tenemos percepciones e ideas, aunque afirman que estas se explican en términos de la composición física de nuestro cuerpo y nuestro cerebro. Sin embargo, todos nos damos cuenta de esas experiencias mentales, y somos conscientes de tener una existencia mental y física. Tenemos sensaciones físicas —lo que vemos, oímos, olemos, tocamos y saboreamos mediante nuestros órganos sensitivos— y somos conscientes de ello. Además, tenemos pensamientos, recuerdos y sentimientos, que son puramente mentales. El hecho de darnos cuenta de estos fenómenos mentales y, quizá más importante, de darnos cuenta de nosotros mismos es lo que experimentamos como conciencia.

William James, aficionado al espiritismo, fue presidente de la Asociación de Investigación Psíquica.

Un cúmulo de sensaciones

No obstante, la idea de que la conciencia es darse cuenta de las sensaciones, pensamientos y sentimientos plantea dudas. Y es que es imposible examinar la conciencia de forma objetiva. Yo solo puedo observar mi propia mente consciente, no puedo

LA MENTE ES UNA ES UNA ESPECIE DE TEATRO DONDE VARIAS PERCEPCIONES APARECEN SUCESIVAMENTE.
DAVID HUME

DENTRO DE CADA CONCIENCIA PERSONAL, EL PENSAMIENTO ES SENSIBLEMENTE CONTINUO.

WILLIAM JAMES

acceder a la conciencia de otro; sé qué es para mí tener una experiencia consciente, pero no sé qué es para otro. Nuestro concepto de conciencia es necesariamente subjetivo, y difícil de definir más allá de una descripción de cómo es para cada uno de nosotros ser un ser consciente. Pero todos tenemos una idea de ese «cómo es», y eso es parte de lo que nos proporciona una sensación de yo. Según el filósofo escocés David Hume, tenemos pensamientos, experiencias y recuerdos —lo que describió como un «cúmulo de sensaciones»— que constituyen, juntos, la conciencia subjetiva que reconocemos como el yo.

UN ENFOQUE CIENTÍFICO

Conceptos como el de conciencia subrayan uno de los problemas de la filosofía de la mente, y es que solo experimentamos de forma directa lo que ocurre en nuestra propia mente. Debido a ello, esta tiende a ser subjetiva e introspectiva y se la considera sin rigor científico. Los científicos que trabajaban en campos similares pretendieron dar a sus investigaciones sobre el funcionamiento de la mente una base más científica y objetiva, de donde surgió la nueva ciencia de la psicología.

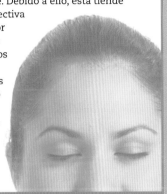

Conciencia en continuo cambio

William James, filósofo pero también uno de los pioneros de la psicología, trató de ofrecer una explicación más científica de la conciencia. Admitió que nuestra mente no solo recibe percepciones sensoriales del mundo que nos rodea; también pasa por procesos mentales para interpretar esa información. Organizamos nuestras experiencias e ideas sobre lo que experimentamos realizando conexiones entre ellas y almacenándolas en el recuerdo. A medida que nuestra vida avanza, vamos experimentando cosas nuevas, y esas nuevas percepciones desencadenan nuevos pensamientos e ideas. Así que, según James, no hay que considerar la conciencia como un estado de la mente, sino como un proceso en continuo cambio. Él lo llamó «flujo de conciencia», y es personal, propio de cada uno.

Véanse también:
82–83, 84–85

⏎ Seguir la corriente

William James describió la conciencia como una corriente que cambia sin parar. Al tener nuevas experiencias, nuestra mente interpreta la información y organiza nuestros pensamientos en consecuencia.

RENÉ DESCARTES

1596–1650

Hijo de un político francés, a René Descartes lo crió su abuela tras la muerte de su madre. Se licenció en leyes a los 22 años, pero le pareció que su educación, matemáticas aparte, le había aportado pocas certezas. No se llegó a casar, aunque tuvo una hija, Francine. Durante la mayor parte de su vida vivió modestamente de la herencia familiar, mientras desarrollaba influyentes teorías sobre la razón y la duda.

VISIONES DE UN ERRANTE

Desde 1618, Descartes se pasó una década viajando por Europa. Se unió al ejército holandés y visitó Hungría, Bohemia (en la actual República Checa), Francia e Italia. En 1619 tuvo tres extraños sueños que le llevaron a creer que toda la ciencia se podía comprender utilizando la razón. En los Países Bajos, donde vivió 22 años, nunca permaneció mucho tiempo en un mismo sitio, pues se sabe que se mudó al menos 18 veces.

Descartes nació en La Haye en Touraine, localidad de Francia central que, en 1967, se rebautizó como Descartes en su honor.

CONMIGO TODO SE VUELVE MATEMÁTICAS

Aunque hizo incursiones en óptica y otras ciencias, Descartes era filósofo y matemático, principalmente. Él creía en la reducción de los problemas a sus elementos más simples y aplicó el álgebra a la geometría, con lo que creó la geometría analítica. Desarrolló las coordenadas cartesianas para localizar un punto en el espacio en tres dimensiones, lo que explicó en *La geometría* (1637).

« Si realmente quieres **buscar la verdad** es necesario que **dudes** de todo y tanto como sea posible al menos una vez en la vida.»

PIENSO, LUEGO EXISTO

Descartes dudó de la fiabilidad de los sentidos humanos, así como de las opiniones de expertos. Estableció un sistema, perfilado en su *Discurso del método* (1637), donde todo se ponía metódicamente en duda hasta que quedara plenamente demostrado. Expresó su primera certeza en latín: *Cogito ergo sum*, «Pienso, luego existo».

POCO MADRUGADOR

De niño, Descartes tuvo una salud delicada, por lo que le permitían dormir hasta mediodía, costumbre que mantuvo toda su vida porque, decía, pensaba mejor en la cama. Rompió con ese hábito entre 1649 y 1650, cuando fue profesor particular de la reina Cristina de Suecia, quien insistía en encontrarse cada mañana a las 5. Por desgracia, madrugar tanto no le sentó bien a Descartes, que cogió una neumonía y murió.

Los **ANIMALES** también sienten y piensan

PIENSO, LUEGO EXISTO

HASTA HACE POCO, MUCHOS FILÓSOFOS CONSIDERARON A LOS HUMANOS COMO SERES DISTINTOS DE LOS DEMÁS ANIMALES DEBIDO A SU CAPACIDAD DE RAZONAR, SUPUESTAMENTE SUPERIOR. HOY, EN CAMBIO, SE ADMITE QUE LOS ANIMALES TAMBIÉN SIENTEN DOLOR Y QUE HAY VARIOS CON LA CAPACIDAD DE RAZONAR. ¿SON LAS MENTES DE LOS ANIMALES TAN DISTINTAS DE LAS NUESTRAS?

Máquinas biológicas

En el mundo occidental, desde la época de los antiguos filósofos griegos y hasta el siglo XIX, la creencia general fue que los humanos se distinguían de los animales por tener un alma inmortal. Incluso cuando el foco de atención de los filósofos se alejó del concepto de alma para reflexionar sobre la mente y nuestra capacidad de razonar, el razonamiento se consideró una capacidad humana. René Descartes, por ejemplo, afirmó que la mente está separada del cuerpo, pero solo en los humanos; según él, los animales son incapaces de razonar y, por tanto, carecen de mente: son simples máquinas biológicas que se comportan como juguetes mecánicos.

El animal humano

La idea de que los animales son criaturas sin alma y sin mente estaba muy generalizada hasta que

⬅ Los más animales

Según Descartes, los animales se limitan a reaccionar a la estimulación de sus sentidos, sin pensar ni sentir. Filósofos posteriores afirmaron que, puesto que los propios humanos somos animales, las demás especies deben pasar por lo mismo que nosotros.

Charles Darwin desafió el pensamiento establecido con su teoría de la evolución, que, entre otras cosas, demostraba que los humanos evolucionaron como parte del mundo natural. Esto desembocó en la visión de que, si no somos más que otra especie del mundo animal, los demás animales deben compartir características que creíamos exclusivas de los humanos. Así, ganó terreno la idea de que eran seres conscientes y con capacidad para sentir. Crecieron los movimientos en contra de la crueldad hacia los animales y su explotación al cuestionarse la moralidad de la experimentación con animales y su uso en formas de entretenimiento sangrientas. Asimismo, durante el siglo xx, cada vez más personas insistieron en que no es ético matar animales para alimentarse.

Derechos de los animales

A medida que se iba aceptando la opinión de que al menos algunos animales sienten dolor, los filósofos se preguntaron también hasta qué punto se puede considerar que varios de ellos piensan como nosotros. Según el filósofo australiano Peter Singer, si los animales son capaces de sentir dolor y creemos que está mal infligir un dolor innecesario, es moralmente erróneo someterlos a sufrimientos innecesarios. Sugirió que los animales, como los humanos, tienen el derecho natural a la vida y a no sufrir porque sí. No obstante, solo una minoría

Fiel a su convicción de que es moralmente erróneo infligir dolor a los animales, peter singer se hizo vegetariano en 1971.

EN CUANTO A SUFRIMIENTO, LOS ANIMALES SON NUESTROS IGUALES.
PETER SINGER

aceptó el concepto de derechos animales, y fueron muchas las críticas que suscitó. Por ejemplo, a menudo se utilizan animales en investigación médica para hallar tratamientos que mitiguen el sufrimiento humano; en este caso, parece ser que nuestros derechos pesan más que los de los animales. También se tiende a valorar más los derechos de los mamíferos que los de los invertebrados: así, se lucha contra las matanzas de crías de foca, pero no nos tiembla el pulso al llamar a un fumigador para que elimine la carcoma de nuestra casa. Se ha dicho que, cuando hablamos de derechos animales, pecamos de antropomorfismo, es decir, que proyectamos en los animales nuestros propios sentimientos e ideas. Algunos filósofos modernos opinan que primero deberíamos examinar nuestra moralidad, sobre todo respecto al uso de animales para un fin, como el alimentario, o como objetos de nuestros experimentos.

Véanse también: 66–67, 68–69

LOS ANIMALES INFERIORES SIENTEN, AL IGUAL QUE EL HOMBRE, EL PLACER Y EL DOLOR, LA FELICIDAD Y LA DESGRACIA.
CHARLES DARWIN

RATAS DE LABORATORIO

Uno de los principales motivos de la experimentación con animales es evitar pruebas poco éticas que puedan causar sufrimiento a sujetos humanos. Los psicólogos han observado el comportamiento de ratas, por ejemplo, para comprender mejor cómo funciona la mente humana. Esto supone que su mente es semejante a la nuestra, pero, si es así, se impone la pregunta sobre si es ético experimentar con ellos. Y si no lo es, tales experimentos no nos dirán nada sobre la mente humana.

¿SIENTES lo mismo

CUANDO INTERACTUAMOS CON LOS DEMÁS, DAMOS POR SENTADO QUE SUS PENSAMIENTOS Y SENTIMIENTOS SON COMO LOS NUESTROS. CADA CUAL SABE CÓMO ES EXPERIMENTAR DOLOR O PLACER Y CÓMO REACCIONAMOS A ESAS SENSACIONES, PERO NO PODEMOS LEER LA MENTE DE LOS OTROS. ASÍ QUE, ¿CÓMO SÉ QUE PIENSAN Y SIENTEN DEL MISMO MODO QUE YO?

> ¿QUÉ VEO YO DESDE MI VENTANA SINO SOMBREROS Y ABRIGOS, BAJO LOS QUE PUEDEN OCULTARSE AUTÓMATAS?
>
> RENÉ DESCARTES

Véanse también: 70-71

Una experiencia subjetiva

Uno de los grandes problemas para los filósofos que estudian la mente humana es saber si todos experimentamos las cosas del mismo modo. Algunos, como René Descartes, llegaron en gran parte a sus teorías de la mente tras un proceso introspectivo, examinando su propia mente, y asumieron que la mente de los demás debía funcionar igual. Pero ciertos filósofos señalaron que el contenido de la mente de cada cual es personal y que los demás no tienen acceso a él. Solo conocemos de forma directa lo que ocurre en nuestra propia mente, y extraer conclusiones a partir de un solo caso es una base muy endeble para cualquier teoría. ¿Qué justificación tengo para creer que mi experiencia subjetiva de fenómenos como el dolor o el placer, y hasta de mi propia conciencia, es igual para todos los demás?

No se pueden «leer» las mentes, pero sí detectar claves en la expresión facial de los demás.

¿Seguro que todos sentimos dolor?

Existe un argumento de sentido común que respalda nuestra sensación intuitiva de que todas las mentes funcionan de un modo parecido: consiste en la prueba del comportamiento. Yo sé que, cuando me golpeo la cabeza contra una puerta, por ejemplo, experimento la sensación de dolor y respondo con un comportamiento determinado, como hacer una mueca, quejarme o incluso insultar. Si veo a otros darse un golpe en la cabeza y reaccionar de un modo parecido, deduzco que ellos también sienten dolor. Reconocemos tipos de comportamiento universales, como el llanto o la risa, y los asociamos de forma instintiva a las sensaciones subjetivas que tenemos y que provocan en nosotros la misma reacción. Como todos mostramos respuestas similares a estímulos

que yo?

externos, ¿no es razonable concluir que todos experimentamos los mismos pensamientos y sentimientos, y que nuestras mentes funcionan de forma semejante?

Quizá somos todos diferentes

Pero el argumento de sentido común extrae una conclusión sobre otras mentes basándose en una sola observación: la de mi propia mente. ¿Cómo puedo saber que, por el hecho de tener las mismas reacciones, todos sentimos lo mismo? Una mujer que se queja después de cruzar un umbral puede estar imitando el comportamiento de alguien que se ha hecho daño, y no experimentar realmente la sensación. Del mismo modo, puede

ZOMBIS FILOSÓFICOS

En filosofía, los zombis no son los muertos vivientes de las películas, sino personas con el mismo aspecto y comportamiento que nosotros, pero que carecen de conciencia. Si le pegas a un zombi, reacciona como nosotros, aunque sin sentir dolor. Los filósofos han usado este concepto para rebatir la idea de que todo en la naturaleza humana tiene causas puramente físicas: es nuestra experiencia mental consciente, nuestra mente, lo que nos distingue de los zombis.

que ella vea rojo lo que yo estoy viendo azul. Puesto que no tengo acceso a sus experiencias interiores, no sé de primera mano lo que piensa o ve; solo lo deduzco indirectamente a partir de su comportamiento o de lo que me cuenta. Pero tal vez basta con eso: al fin y al cabo, aceptamos descripciones de segunda mano de lugares remotos sin haber estado allí personalmente.

◆ Cada cual en su cabeza

Nos gusta pensar que sabemos lo que piensan y sienten otras personas; sin embargo, puesto que no tenemos acceso directo a su mente, solo lo podemos deducir a partir de su comportamiento.

EXPERIENCIAS

PENSAMIENTOS

IDEAS

SENTIMIENTOS

RECUERDOS

¿QUÉ SUCEDE EN TU MENTE?

¿Qué HACE que

CADA UNO DE NOSOTROS ES UN INDIVIDUO ÚNICO. TODOS TENEMOS UN CUERPO FÍSICO DIFERENTE AL DE LOS DEMÁS, PERO TAMBIÉN UNA IDENTIDAD PERSONAL QU INCLUYE NUESTROS PENSAMIENTOS, SENTIMIENTOS Y RECUERDOS. A LO LARGO DE LA VIDA CAMBIAMOS MUCHO, FÍSICA Y PSICOLÓGICAMENTE, PERO NOS SEGUIMOS SINTIENDO CON LA MISMA IDENTIDAD.

La nave de Teseo

Hay un viejo chiste sobre un carpintero que usó el mismo martillo durante 50 años, solo que le cambió tres veces la cabeza y dos el mango. Esta historia nos habla de nuestra actitud instintiva respecto a la identidad. Usando un relato parecido, el filósofo Thomas Hobbes reflexionó sobre nuestro concepto de identidad personal a medida que cambiamos con el tiempo. Contaba que Teseo emprendió un largo viaje por mar y en él su nave precisó profundas reparaciones. Poco a poco, cada parte fue reemplazada por otra nueva, y aun así seguimos considerando que la embarcación que finalizó el viaje era la misma, aunque no quedara nada de la original.

Lo mismo nos ocurre al ir pasando la vida: las células de nuestro cuerpo son reemplazadas constantemente, por lo que, al cabo de unos años, físicamente somos del todo distintos. Nuestras ideas, pensamientos y sentimientos también cambian mucho, pero aun así nos consideramos la misma persona.

Thomas Hobbes se lamentaba de que las clases de filosofía de la universidad solían ser un «discurso sin contenido».

⊙ Crisis de identidad

Los filósofos han reflexionado mucho sobre la identidad, y coinciden en que la parte no física de nuestro ser (la mente) es lo que nos define. Aunque nuestros pensamientos y creencias cambien con la edad, seguimos siendo esencialmente la misma persona.

MIS PENSAMIENTOS...

EXPERIENCIAS...

CREENCIAS...

Y RECUERDOS ME HACEN YO

tú seas **TÚ**?

Hardware y software

Para filósofos como Hobbes, el problema es que, si tanto cambiamos, ¿qué es lo que constituye nuestra identidad personal? ¿Hay alguna parte de nosotros que no cambie? A diferencia de la nave de Teseo, nosotros somos seres vivos, con una única vida. Nuestras células pueden ser reemplazadas y nos pueden trasplantar los órganos, y seremos el mismo organismo. Pero si fuese posible trasplantar el cerebro, quizá eso nos cambiaría la identidad: diríamos que el cerebro ha adoptado un nuevo cuerpo, y no que el cuerpo acoge al cerebro como una «pieza de recambio». Por tanto, puede que sea en el cerebro donde radica nuestra identidad; pero ¿por qué este órgano físico en particular es tan distinto del corazón, digamos? La respuesta parece ser que no se trata del «*hardware*» del cerebro, las células físicas, sino que es algo así como el «*software*», lo que ocurre en el interior del cerebro (pensamientos, recuerdos y sentimientos), lo que define la identidad individual.

> John Locke usaba tinta invisible para escribir atrevidas cartas a sus numerosas amantes.

Continuidad de la existencia

Lo que hace que seamos quienes somos depende de nuestra mente más que de

> EN LA MEDIDA EN QUE ESTA CONCIENCIA PUEDE RETROCEDER A CUALQUIER **ACCIÓN** O **PENSAMIENTO** DEL **PASADO**, ASÍ SE EXTIENDE LA **IDENTIDAD** DE ESA PERSONA.
>
> JOHN LOCKE

nuestro cuerpo. Sin embargo, cambiamos física y psicológicamente con el tiempo, y pensamos y sentimos de forma diferente en las distintas etapas de nuestra vida. Así, nuestras ideas de jóvenes pueden estar totalmente reñidas con lo que creemos de mayores. Además, los demás tampoco nos ven igual. Cuando nos encontramos con alguien a quien hace tiempo que no vemos, puede que esa persona piense de una forma muy diferente a la que recordamos, y aun así será reconocible, porque ha retenido la misma identidad. Para John Locke, así como tenemos una sola vida continua como organismos físicos, nuestra mente también tiene una existencia continua. La identidad personal implica la continuidad de conciencia, que él consideraba enraizada en la memoria.

Véanse también: 76-77

> DEBIDO A LA NATURALEZA ININTERRUMPIDA DEL FLUJO POR EL QUE LA MATERIA SE **DESCOMPONE** Y ES **REEMPLAZADA**, ÉL SERÁ SIEMPRE EL **MISMO HOMBRE**.
>
> THOMAS HOBBES

EL TELETRANSPORTADOR

En ciencia-ficción, un teletransportador puede «transmitir» a alguien de un lugar a otro. Sin embargo, puede que la máquina no transporte realmente a la persona, sino que realice una copia idéntica en otro sitio y destruya la original. La nueva persona es exactamente como la otra y hasta se cree la original, pero no lo es. Y si, por accidente, la original no es destruida, ambas creerán tener la misma identidad.

THOMAS HOBBES

1588–1679

Hobbes tenía 16 años cuando su padre, vicario de la iglesia de Westport, en Wiltshire (Inglaterra), abandonó a la familia tras pelearse con otro vicario frente al templo. Su tío, fabricante de guantes, financió sus estudios de literatura clásica en la Universidad de Oxford. Tras graduarse se convirtió en profesor particular de jóvenes nobles como Carlos II, futuro rey de Inglaterra, Escocia e Irlanda.

HUIR DE LA GUERRA

Hobbes viajó por Europa con aquellos de quienes fue profesor, y conoció tanto a Galileo Galilei como a René Descartes. En 1640, cuando estalló la guerra civil en Inglaterra, Hobbes, que era monárquico, huyó a Francia. Durante los once años que pasó allí, publicó *Del ciudadano* (1642), sobre la Iglesia y el Estado, y completó su influyente obra sobre la sociedad, *Leviatán* (1651).

«SOLITARIO, POBRE, DESAGRADABLE Y TOSCO»

Esta descripción de Hobbes de una persona sin sociedad deriva de que creía que los humanos somos básicamente egoístas, y nos movemos por el miedo a la muerte y la esperanza del logro personal. Sin la sociedad, la gente viviría en un «estado de naturaleza» donde solo importarían las metas personales a corto plazo, en detrimento de la cooperación y los planes a largo plazo.

UN CONTRATO SOCIAL

Para abandonar el estado de naturaleza, Hobbes concibió un contrato social, en el que cada cual cedería parte de su libertad personal a cambio de que los demás hicieran lo mismo, en aras de la seguridad y la cooperación. Esta cesión de derechos a cambio de que se protegieran los derechos restantes resultó de gran interés, sobre todo en Europa, donde Hobbes estaba bien considerado.

> «Cuando se construye sobre **falsos cimientos**, cuanto más se edifica, **mayor es la ruina.**»

«LOS PACTOS, SIN ESPADAS, SON MERAS PALABRAS»

Según Hobbes, un contrato social solo funcionaría si lo respalda alguna forma externa de poder que obligue a la gente a cumplirlo. Usó un leviatán (monstruo marino mitológico) para representar el poder del estado, que, dijo, debía ser una monarquía absoluta: un solo gobernante comportaba una menor competición y fricción entre distintas facciones de la sociedad.

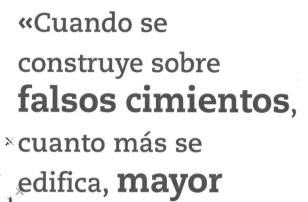

En 1666, el parlamento de Inglaterra incluyó *Leviatán* en una lista de libros sospechosos de ateísmo. Por miedo a que lo arrestaran, Hobbes quemó muchos de sus documentos.

¿Los ORDENADORES

LA INFORMÁTICA HA AVANZADO TANTO, QUE HOY EN DÍA DISPONEMOS DE MÁQUINAS PROGRAMABLES PARA DESEMPEÑAR TODO TIPO DE TAREAS, A MENUDO CON MAYOR EFICIENCIA QUE LOS HUMANOS. HAY ALGUNAS QUE IMITAN LA ACTIVIDAD DEL CEREBRO HUMANO Y PARECE QUE «PIENSEN» Y TOMEN DECISIONES. AUNQUE MUESTRAN CIERTO TIPO DE INTELIGENCIA, NOSOTROS SENTIMOS POR INSTINTO QUE, POR MUCHO QUE AVANCE LA TECNOLOGÍA, LAS MÁQUINAS NUNCA SERÁN CAPACES DE PENSAR COMO LAS PERSONAS.

El cerebro es una máquina blanda

La idea de «inteligencia artificial» surgió al desarrollarse la ciencia informática en la segunda mitad del siglo XX, hacia la época en que los avances en neurociencia arrojaban luz sobre el funcionamiento del cerebro humano. Ambas ciencias se desarrollaron codo con codo y se prestaron ideas la una a la otra. La nueva tecnología de la imagen reveló la actividad electroquímica de nuestro cerebro que acompaña nuestros procesos de pensamiento, y los informáticos intentaron crear máquinas que operasen de un modo similar. Si el cerebro no es más que un objeto físico —una «máquina blanda»—, pero es capaz de pensar mediante impulsos eléctricos internos, tal vez podría llegar a existir una máquina que hiciera lo mismo. La investigación en inteligencia artificial ha contribuido a producir ordenadores que no son simples calculadoras, sino que imitan nuestros procesos de pensamiento, introduciendo incluso principios como el de la «lógica confusa», de modo que pueden realizar tareas tan complejas como reconocer rostros y jugar al ajedrez.

Alan Turing es célebre por su labor como decodificador durante la segunda guerra mundial.

> **UN ORDENADOR PROGRAMADO ENTIENDE LO MISMO QUE UN COCHE Y QUE UNA CALCULADORA, ES DECIR, ABSOLUTAMENTE NADA.**
>
> JOHN SEARLE

> **UN ORDENADOR MERECERÍA EL CALIFICATIVO DE INTELIGENTE SI PUDIERA HACER CREER A UN HUMANO QUE ES HUMANO.**
>
> ALAN TURING

El test de Turing

Esos ordenadores logran resultados en algunas tareas que no se distinguen de los de los humanos —o que son mejores— e incluso parecen capaces de tomar decisiones. En apariencia, poseen algún tipo de inteligencia o forma de pensamiento. Alan Turing, pionero en ciencias de la computación, propuso un sencillo test para comprobar si una máquina muestra de hecho, inteligencia. Se plantean varias preguntas por escrito tanto a un ordenador como a un humano, y

LA HABITACIÓN CHINA

John Searle concibió un experimento conceptual que desafía la validez del test de Turing: se introduce en una sala a una persona sin conocimientos de chino, con instrucciones en su lengua sobre cómo responder a una serie de símbolos chinos con otra serie de ellos. Fuera, personas chinas tienen acceso a las preguntas en chino y a las sensatas respuestas en chino, lo que les hará suponer, erróneamente, que la persona de la habitación puede mantener una conversación en dicha lengua.

piensan?

PIENSO QUE SOY TAN INTELIGENTE COMO TÚ

Véanse también:
76-77, 78-79

estos responden también por escrito. Un juez imparcial examina las respuestas y, si no es capaz de distinguir a su emisor, el ordenador ha demostrado que puede pensar. Más tarde, John Searle cuestionó la validez del test de Turing (*véase* «La habitación china», abajo, izquierda). Los ordenadores actuales son capaces de imitar una parte considerable del comportamiento humano pero, por lo visto, todavía queda un largo camino hasta los androides casi perfectamente humanos de filmes de ciencia-ficción como *Blade Runner*.

Máquinas sin mente

Aunque existiera un ordenador ideal que se comportara igual que los humanos, muchos sentiríamos por instinto que no tiene pensamientos ni sentimientos verdaderos. Tal vez dé la impresión de que posee inteligencia, de que piensa y siente, pero ¿de veras tendría esa clase de vida interior? ¿O estaría simulando una vida mental? Un ordenador que simula un huracán no contiene realmente un huracán. ¿Qué nos hace pensar que un ordenador que simula pensamientos y sentimientos los tiene de verdad? Por otro lado, si ninguna máquina física puede poseer una vida mental interior, ¿por qué nosotros podemos si, por lo visto, en último término somos máquinas biológicas? ¿Realmente importa el material del que estés hecho?

Fingir ❷
Un ordenador puede dar la impresión de poseer inteligencia y pensar como lo hacemos nosotros, pero quizá no sea consciente de ello, porque las máquinas carecen de mente.

¿Se puede explicar c

ASÍ COMO LAS CIENCIAS NATURALES EVOLUCIONARON A PARTIR DE LA
INVESTIGACIÓN FILOSÓFICA DEL MUNDO, LA PSICOLOGÍA Y LA NEUROCIENCIA
SE DESARROLLARON PARA AFRONTAR CUESTIONES FILOSÓFICAS SOBRE
LA MENTE Y EL CEREBRO. NO OBSTANTE, ES POSIBLE QUE NO TODOS LOS
ENTRESIJOS DE LA MENTE SE PUEDAN EXPLICAR CIENTÍFICAMENTE.

NUESTRA MEJOR **TEORÍA CIENTÍFICA** SOBRE LA
MENTE SUPERA AL EMPIRISMO FILOSÓFICO; PERO, EN
TODOS LOS SENTIDOS, SIGUE **SIN SER MUY BUENA.**

JERRY FODOR

Mente y comportamiento

Pese a surgir a partir de los interrogantes
de la filosofía de la mente, la psicología ha
buscado explicaciones a cómo funciona
la mente desde una perspectiva diferente.
Para huir de lo que consideraban mera
especulación, los psicólogos propusieron
varias teorías basadas en la observación
científica. Así, los psicólogos conductistas
estudiaron cómo adquirimos conocimiento
examinando cómo se comportan animales

Los antiguos
egipcios no valoraron
el cerebro: creían que la
fuente de la sabiduría
era el corazón.

y humanos cuando aprenden cosas, y con
experimentos para probar sus teorías. Más
tarde, los psicólogos cognitivos concibieron
métodos experimentales para estudiar
cómo el cerebro almacena información
en el recuerdo, o cómo percibimos las
cosas procesando información a partir
de los sentidos. Además, la psicología
ha estudiado otros aspectos de la mente,
como la inteligencia y la personalidad,
para ofrecer explicaciones científicas
de cómo y por qué pensamos y nos
comportamos como lo hacemos.

Cómo funciona el cerebro

La neurociencia se ha centrado en los
procesos físicos del cerebro y el sistema
nervioso. Los neurocientíficos averiguaro
cómo se transmite información desde lo
órganos sensitivos hacia y desde el cerebr
en forma de señales electromagnéticas
por medio de nuestro sistema nervioso, y
cómo el cerebro procesa esa información.
Gracias a los modernos métodos de la
imagen, hasta han podido ver la actividad
eléctrica del cerebro cuando procesamos
información desde los sentidos y durante
procesos mentales como pensar, tomar
decisiones, recordar o usar el lenguaje. Si
bien la neurociencia ha explicado en gran
medida cómo funciona nuestro cerebro,
solo nos puede mostrar lo que sucede
físicamente cuando experimentamos algo,
lo cual, parece ser, no equivale a nuestra
experiencia consciente subjetiva.

UNA NUEVA CIENCIA

La psicología no surgió como ciencia hasta
finales del siglo XIX. En las universidades
de EE UU, los psicólogos surgieron en los
departamentos de filosofía; en Europa, la
psicología experimental se consideró al
principio como una rama de la fisiología.
La psicología se convirtió pronto en
una nueva disciplina por derecho
propio: la ciencia de la mente y
el comportamiento, puente
entre filosofía y fisiología.

no funciona la MENTE?

¿Más allá de la ciencia?

La neurociencia nos ha proporcionado conocimiento sobre el «*hardware*» de la mente: cómo funcionan el cerebro y el sistema nervioso en el sentido físico. La psicología nos ha esclarecido mucho sobre el «*software*»: cómo nuestra mente procesa la información. Estas ciencias empiezan a responder algunas preguntas sobre cómo percibimos el mundo y adquirimos y almacenamos conocimiento sobre él. Pero, ¿algún día podrán definir qué es exactamente una mente o explicar nuestras experiencias subjetivas? ¿Por qué tenemos determinadas experiencias conscientes cuando ocurren

ciertas cosas en nuestro cerebro? De hecho, ¿por qué esos fenómenos cerebrales tienen que ir de la mano de experiencias conscientes? Puede que la ciencia nos revele buena parte de cómo funciona la mente, pero parece que sigan fuera de su alcance ciertas preguntas sobre lo que ocurre en ella.

La búsqueda continúa ❯

Los psicólogos han estudiado los procesos mentales y los neurocientíficos han visto cómo funciona el cerebro. La ciencia, sin embargo, aún no ha respondido al enigma filosófico de qué es la mente.

¿LOS CIENTÍFICOS PUEDEN ARROJAR LUZ SOBRE EL FUNCIONAMIENTO DE NUESTRO CEREBRO?

Los interrogantes sobre la autoconciencia y la identidad, que tanto trabajo han dado a los filósofos, también han pasado al terreno del estudio científico. Hoy los neurocientíficos son capaces de ver la actividad de nuestro cerebro, y de identificar patrones y conexiones que pueden contribuir a entender nuestras experiencias subjetivas.

EXPERIENCIA PERSONAL

Filosofía de la mente
APLICADA

GRAN DIFERENCIA

Las teorías filosóficas sobre qué nos hace ser quienes somos sentaron las bases para la investigación psicológica de los aspectos de la mente que nos hacen únicos, por ejemplo, los distintos tipos de personalidad o los niveles de inteligencia, o cómo nos desarrollamos y cambiamos psicológicamente a lo largo de la vida.

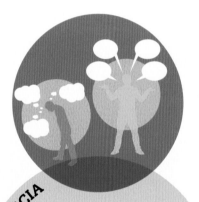

SALUD MENTAL

Trastornos mentales como la depresión o la ansiedad se acostumbran a tratar con la llamada «cura del habla» o psicoterapia, que también puede ayudar a superar traumas como el duelo. Estas técnicas se han desarrollado a partir de la filosofía de la mente, que puede servir a los pacientes para entender los problemas mentales.

La filosofía oriental también ha influido en las ideas modernas sobre la mente. Ejercicios tales como el yoga y técnicas como la meditación —que llevan siglos practicándose en India y en China— han sido adoptados por Occidente, y muchos psicólogos admiten que pueden ayudar a mantener el bienestar físico y mental.

CUERPO Y ALMA

INTELIGENCIA ARTIFICIAL

En su origen, los ordenadores se concibieron puramente como calculadoras mecánicas, pero hoy son capaces de realizar operaciones mucho más sofisticadas. Cada vez más les pedimos que «piensen» como nosotros, y el ámbito de la ciencia dedicado a la inteligencia artificial se basa en ideas filosóficas y psicológicas sobre cómo funciona la mente.

Los filósofos plantearon cuestiones fundamentales sobre nuestra mente —qué es y cómo funciona— que más tarde retomarían los psicólogos. Las ideas filosóficas sobre la mente también guardan cierta relación con el desarrollo de tecnologías como la informática y la robótica.

DERECHOS ANIMALES

Se ha hecho patente que la conciencia no es exclusiva de los humanos y que también los animales poseen una mente; por tanto, puede que su experiencia de las cosas no difiera mucho de la nuestra. Saber que son capaces de sufrir física y mentalmente ha desembocado en un movimiento creciente a favor del trato ético a los animales.

¿Qué es RAZONAR?

¿Cierto o falso? DEMUÉSTRALO...

¿Qué es un ARGUMENTO LÓGICO?

¿Existen diferentes tipos de VERDAD?

¿Qué constituye un BUEN ARGUMENTO?

LÓGICA y ciencia, ¿qué relación tienen?

¿Podemos CREER lo que dice la CIENCIA?

¡Utiliza el SENTIDO COMÚN!

¿Qué nos dice la LÓGICA?

Tiene que haber una explicación LÓGICA

¿La RAZÓN y la FE son compatibles?

La lógica evolucionó como una rama de la filosofía cuando los filósofos propusieron argumentos racionales para respaldar sus teorías. Con ella es posible construir y analizar argumentos racionales, y extraer conclusiones de unas premisas determinadas. Existen distintas formas de argumentos lógicos; reconocerlas nos ayuda a evaluar la solidez de una afirmación.

➔ Argumento válido
Este argumento consta de dos premisas, que conducen a una conclusión. Es válido porque la conclusión «A Eduardo le gusta la miel» se deduce lógicamente de las dos premisas. Y si las premisas son verdaderas, la conclusión debe serlo también.

A TODOS LOS OSOS LES GUSTA LA MIEL   EDUARDO ES UN OSO   LUEGO A EDUARDO LE GUSTA LA MIEL

¿Cierto o falso?

LOS FILÓSOFOS INSISTEN EN EL USO DE LA RAZÓN. CUANDO PROPONEN UN[A] TEORÍA, INTENTAN RESPALDARLA DE MODO RAZONADO. TAMBIÉN BUSCAN LO[S] FALLOS LÓGICOS DE ARGUMENTOS QUE, SUPUESTAMENTE, APOYAN UNA TEOR[ÍA] LA LÓGICA NOS PERMITE CONSTRUIR ARGUMENTOS RACIONALES Y EVALÚA[R] HASTA QUÉ PUNTO UN ARGUMENTO ES UNA BUENA BASE DE UNA TEORÍA.

Véanse también: 92-93, 94-95, 98-99

Construir un argumento racional
Limitándonos a decir que creemos que algo es verdadero no convenceremos a otros de nuestra opinión: debemos mostrar cómo hemos llegado a esa conclusión y presentar un argumento que muestre cómo hemos pasado de una idea a otra por una vía lógica. Debe empezar con afirmaciones verdaderas (las premisas) y que permitan inferir una conclusión. Para determinar que la conclusión de nuestro argumento es verdadera, las premisas deben ser ciertas, y el argumento, fundamentado lógicamente. La lógica nos ofrece un método con que evaluar si nuestras inferencias están bien o mal, y algunos argumentos son más sólidos que otros.

Llegar a la verdad
La lógica nos ayuda a analizar un argumento, a ver su estructura o forma lógica; así podemos establecer si la conclusión se sigue o no de las premisas. Se dice que un argumento es válido si podemos deducir (inferir) la conclusión de las premisas. Tal argumento se conoce como «deductivo». En un argumento deductivo, si las premisas son verdaderas,

LA TETERA DE RUSSELL
Algunas personas —sobre todo las de hondas creencias religiosas o políticas— creen que corresponde a los demás desmentir sus afirmaciones, y no a ellas demostrarlas. Como respuesta, Bertrand Russell afirmó que hay una tetera orbitando en torno al Sol, demasiado pequeña para ser vista desde la Tierra. Nadie puede demostrar que se equivoca, pero eso no significa que haya que aceptar su teoría.

➲ Argumento inválido

Este argumento no es válido porque la conclusión «Algunos filósofos son osos» no se deduce lógicamente de las dos premisas. Aunque las premisas de un argumento no válido sean verdaderas, la conclusión no tiene por qué serlo.

A TODOS LOS OSOS LES GUSTA LA MIEL — A ALGUNOS FILÓSOFOS LES GUSTA LA MIEL — LUEGO ALGUNOS FILÓSOFOS SON OSOS

DEMUÉSTRALO...

la conclusión también lo será. Pero poder deducir la conclusión a partir de las premisas no basta para probar que la conclusión es verdadera; el contenido del argumento también cuenta. Así, podemos empezar con las premisas: «Todos los filósofos son humanos» y «Aristóteles es filósofo», y pasar a la conclusión «Aristóteles es humano». El argumento es convincente porque tiene una forma lógica fundamentada y la conclusión se sigue de las dos premisas. Pero ¿qué ocurre si decimos: «Todos los filósofos son inteligentes. Aristóteles es filósofo. Luego Aristóteles es inteligente»? Como en el primer ejemplo, este argumento consta de dos premisas que llevan a una conclusión, pero la proposición «Todos los filósofos son inteligentes» puede no ser verdad; necesitamos alguna prueba u otro argumento para determinar si lo es.

Grados de razonabilidad

Si podemos asegurar que las premisas de un argumento son probablemente verdaderas, y si sabemos que el argumento es válido, podremos

> SE PUEDE **CONOCER** UNA PROPORCIÓN DE **VERDAD** MUCHO MAYOR QUE LA QUE SE PUEDE **DEMOSTRAR**.
> RICHARD FEYNMAN

saber que la conclusión también lo es, seguramente. No obstante, en ocasiones, las premisas de un argumento, aunque sean verdaderas, no nos dan información suficiente para demostrar si la conclusión es verdadera o no. Por ejemplo, sé que la mayoría de guitarristas son diestros, y Jaime es guitarrista, luego tengo cierta justificación para creer que Jaime es diestro. Aunque es posible demostrar que ciertas cosas son verdaderas si las premisas lo son y el argumento es válido, no todos los argumentos son tan absolutos: existen grados de razonabilidad de una afirmación. Por ello, muchos argumentos filosóficos se limitan a ofrecer la justificación razonable de una idea: una teoría, más que una prueba.

> A Aristóteles le encantaba discutir; como resultado, ideó el primer sistema de lógica en la filosofía occidental.

¿Qué es un **ARGUM**

LOS ARGUMENTOS RACIONALES PUEDEN TENER MUCHAS FORMAS, PERO TODOS AVANZAN DESDE UNAS PREMISAS HASTA UNA CONCLUSIÓN. LOS FILÓSOFOS HAN UTILIZADO FORMAS ARGUMENTALES CADA VEZ MÁS COMPLEJAS PARA PRESENTAR Y JUSTIFICAR SUS IDEAS, Y LA LÓGICA QUE LAS RESPALDA SE HA VUELTO MÁS SOFISTICADA. ESTO HA DADO LUGAR A UNA RAMA DE LA FILOSOFÍA QUE TIENE RELACIÓN CON LAS MATEMÁTICAS.

> **gottlob Frege fue un pionero de la lógica, pero en vida su obra fue poco reconocida.**

El sistema de Aristóteles

Los primeros filósofos de la antigua Grecia formularon sus ideas sobre el mundo utilizando la razón, y debatían con otros pensadores la justificación de sus afirmaciones. En tiempos de Sócrates, este era el modo más arraigado de presentar las teorías. Sócrates desarrolló un método, conocido como dialéctica, para hallar la verdad debatiendo las ideas con personas de distintos pareceres. Buena parte de su sistema consistía en mostrar las contradicciones inherentes a lo que esas personas pensaban. Pero fue Aristóteles quien concibió el sistema para presentar un argumento bajo una forma lógica: el silogismo. Para él, el argumento lógico consiste en dos premisas que llevan a una conclusión. Cada paso del argumento es una proposición con una forma determinada, como por ejemplo «Todo X es Y», «Algunos X son Y», «Ningún X es Y» o «Algunos X no son Y». Aristóteles clasificó las distintas combinaciones de dichas proposiciones para identificar cuáles llevan a buenas y malas conclusiones.

> **MERECE LA PENA INVENTAR UN NUEVO SÍMBOLO SI NOS AYUDA A DISIPAR DIFICULTADES LÓGICAS.**
> **GOTTLOB FREGE**

Deducción e inducción

Un silogismo famoso es: «Todos los hombres son mortales, Sócrates es un hombre, luego Sócrates es mortal». Aquí, la conclusión «Sócrates es mortal» se extrae lógicamente de la premisa universal «Todos los hombres son mortales» en combinación con la premisa «Sócrates es un hombre». Los argumentos deductivos como este son válidos si la conclusión se sigue de las premisas e inválidos si no es así. Pero hay otra forma de argumento, la inducción, en la que se suele inferir una regla general a partir de unas premisas particulares. Así, inferimos que todos los peces tienen branquias a partir de los ejemplos particulares de peces que hemos observado; pero esa conclusión podría ser falsa, ya que podría haber (y los hay, de hecho) peces con pulmones en vez de branquias. En un argumento inductivo, la conclusión no se sigue necesariamente de sus premisas; los argumentos inductivos no tienen por qué ser válidos. Las premisas deben respaldar la conclusión, pero no garantizan lógicamente que esta sea verdad.

Lógica matemática

El silogismo en tres pasos del método aristotélico para analizar un argumento se mantuvo como base de la lógica hasta finales del siglo XIX, aunque tenía limitaciones. El matemático alemán Gottlob Frege revolucionó el modo de evaluar los argumentos

LÓGICA SIMBÓLICA

Cuando Gottlob Frege demostró la relación entre lógica y matemáticas, propuso también un sistema de notación para expresar afirmaciones lógicas, el cual consistía en símbolos parecidos a los matemáticos. De este modo, se puede presentar una proposición bajo una forma lógica y analizarla según las reglas de la lógica; así, el argumento quedará demostrado de un modo análogo a la prueba matemática.

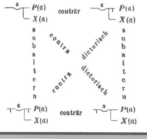

NTO LÓGICO?

filosóficos. Hasta entonces se creía que la lógica derivaba de nuestra forma de pensar, pero Frege probó que, como las matemáticas, se basa en reglas objetivas. Introdujo un sistema de notación (*véase* «Lógica simbólica», abajo, izquierda) para presentar argumentos de una forma lógica. Esto suprimía las ambigüedades de los argumentos filosóficos presentados verbalmente, al permitir a los filósofos analizar proposiciones lógicas como los matemáticos analizan las declaraciones matemáticas. Y ofrecía un nuevo marco para la lógica, que se convirtió en una herramienta mucho más poderosa, y allanó el camino para un tipo de filosofía más analítica en el siglo xx.

Véanse también:
90–91, 98–99, 108–109

Contrarias

Las proposiciones «A todos los osos les gusta la miel» y «A ningún oso le gusta la miel» son contrarias. No es posible que ambas sean verdad al mismo tiempo, aunque sí lo es que ambas sean falsas: que a algunos osos les guste la miel y a algunos otros no.

**A NINGÚN OSO
LE GUSTA LA MIEL**

**A TODOS LOS OSOS
LES GUSTA LA MIEL**

Contradictorias

Las proposiciones de las esquinas opuestas del cuadro se contradicen entre sí: si una es verdadera, la otra tiene que ser falsa. Si a todos los osos les gusta la miel, es imposible que a algunos no, y viceversa. Las proposiciones al lado derecho y al izquierdo no presentan este tipo de contradicción.

EXISTEN CUATRO FORMAS BÁSICAS DE PROPOSICIÓN

Cuadro de oposición

Los filósofos que usaban el sistema aristotélico de silogismos idearon un diagrama que mostraba las cuatro formas básicas de proposición. Algunas son opuestas entre ellas: si una es verdad, la otra no puede serlo.

A ALGUNOS OSOS LES GUSTA LA MIEL

Subcontrarias

Las proposiciones de la parte inferior del cuadro son otro tipo de oposiciones. No se contradicen la una a la otra y ambas pueden ser ciertas al mismo tiempo: a algunos osos les gusta la miel, pero hay otros a los que no.

A ALGUNOS OSOS NO LES GUSTA LA MIEL

¿Existen diferentes tipos de **VERDAD**?

LOS ARGUMENTOS FILOSÓFICOS SE OCUPAN EN BUENA MEDIDA DE ESTABLECER LA VERACIDAD DE UNA IDEA O PROPOSICIÓN. PERO HAY DISTINTOS MODOS DE DETERMINAR SI UNA AFIRMACIÓN ES VERDADERA O FALSA. EN OCASIONES, NOS BASTAN LA RAZÓN Y LA LÓGICA PARA DEMOSTRAR QUE ALGO ES VERDAD; EN OTRAS, TENEMOS QUE OBSERVAR EL MUNDO A NUESTRO ALREDEDOR.

> HAY **DOS** CLASES DE VERDADES: VERDADES DE RAZÓN Y **VERDADES** DE HECHO.
>
> GOTTFRIED LEIBNIZ

Dos tipos de verdades

El filósofo y matemático Gottfried Leibniz creía que existe más de un tipo de verdad. Identificó afirmaciones de dos clases, que consideró verdaderas de modos diferentes. A la primera la llamó «verdad de razón», y explicó que se podía verificar por medio del solo razonamiento. Por ejemplo, lo sería la afirmación «Todos los toros son machos», pues la definición de toro es «Bóvido macho». De hecho, este ejemplo es lo que los filósofos denominan verdad «analítica»: es verdad debido a su significado. Pero ¿y una afirmación como «Sócrates está en el cuarto de al lado»? Solo podemos decir si es verdadera mirando en el cuarto de al lado para saber si Sócrates está allí; es lo que Leibniz denominó una «verdad de hecho». A las afirmaciones así, que no pueden ser verdaderas solo por su significado, se las conoce como verdades «sintéticas» en oposición a las «analíticas».

Véanse también: 102–103

Negar verdades sin contradicción

Según Leibniz, las verdades de razón no pueden negarse sin caer en contradicción. No podemos negar una verdad de razón como «Todos los cuadrados tienen cuatro lados» y afirmar que «Hay un cuadrado que no tiene cuatro lados», pues nos estaríamos contradiciendo: sería como decir que existe un objeto de cuatro lados que no tiene cuatro lados. Que todos los cuadrados tienen cuatro lados es también lo que se conoce como una «verdad necesaria»: es cierto en todas las circunstancias y en todos los mundos posibles. En cambio, una verdad de hecho como «Barack Obama es estadounidense» se podría contradecir. Resulta que Barack Obama nació en EE UU, pero las circunstancias podrían haber sido otras: podría haber nacido en otro lugar. Puesto que depende de si algo es realmente el caso o no, a este tipo de verdad se la conoce como «contingente».

LAS VERDADES SON...

VERDADES DE RAZÓN
EL CAMINO DE LA SOLA RAZÓN NO APORTA NINGÚN CONOCIMIENTO DEL MUNDO, SINO SOLO VERDADES TRIVIALES, COMO QUE UN CUADRADO TIENE CUATRO LADOS.

...O RELACIONES DE IDEAS

La horquilla de Hume

La distinción entre verdades de razón y de hecho es de especial importancia en la filosofía de David Hume, quien dividía las afirmaciones entre las «relaciones de ideas» y las «verdades de hecho», a las que comparó con los dos ramales en que se abre un camino en una bifurcación. Dijo que las afirmaciones verdaderas sobre relaciones de ideas se pueden conocer por medio de la sola razón y serán verdades necesarias; no obstante, son triviales —como declarar que los cuadrados tienen cuatro lados— y no nos proporcionan conocimiento sobre el mundo. Por otro lado, las afirmaciones verdaderas referentes a cuestiones de hecho sí pueden ofrecernos información sobre el mundo... pero necesitamos observar el mundo para averiguar si son verdad. Según Hume, no podemos cruzar de un ramal a otro: no se puede obtener conocimiento de cuestiones de hecho reales basándose solo en la razón.

La empresa alemana Bahlsen fabrica las galletas Leibniz, llamas así en honor del filósofo Gottfried Leibniz.

...O CUESTIONES DE HECHO

VERDADES DE HECHO
POR SU PARTE, EL CAMINO EMPÍRICO ES, SEGÚN DAVID HUME, EL ÚNICO QUE PUEDE LLEVAR A UN CONOCIMIENTO REAL SOBRE EL MUNDO.

MATEMÁTICAS Y CIENCIA
La diferencia entre verdades necesarias y contingentes refleja la diferencia fundamental entre las matemáticas y las ciencias naturales. Las verdades matemáticas parecen cognoscibles mediante la sola razón: son verdades necesarias. En cambio, los hallazgos científicos, como que el agua hierve a 100 °C, son verdades contingentes: dependen de la observación y, a diferencia de las verdades matemáticas, son refutables.

ARISTÓTELES

384–322 a.C.

En principio, se esperaba que Aristóteles siguiera los pasos de su padre, Nicómano, médico del rey de Macedonia Amintas III. Pero estudió filosofía en Atenas, viajó a Turquía y Lesbos para estudiar la vida marina y, en 343 a.C., se convirtió en tutor de Alejandro Magno, que tenía trece años, quien fue su discípulo durante ocho. De regreso a Atenas, Aristóteles escribió abundantes obras, hasta 200, de las que sobreviven unas 30.

La ciencia de Aristóteles presentaba errores, como que las hembras de todas las especies tienen menos dientes que los machos o que el pensamiento humano no procede del cerebro, sino de un área en torno al corazón.

DISCÍPULO DE PLATÓN

Aristóteles tenía 17 años cuando fue a estudiar a la Academia de Platón, en Atenas. Pasó dos décadas con él, al que llamaba «la mente de la escuela». Desarrolló teorías que discrepaban de las de su maestro, cuya teoría de las formas rechazó, insistiendo en que las cosas presentan en sí mismas cualidades universales. Se marchó de Atenas poco después de morir Platón en 347 a.C.

UNA ESCUELA PROPIA

Aristóteles volvió a Atenas en 335 a.C. y estableció su propia escuela, el Liceo, a las afueras de la ciudad. Se proveyó de una nutrida biblioteca de pergaminos (financiada quizá por Alejandro Magno) y fundó uno de los primeros zoológicos con la donación de animales exóticos. Los alumnos de la escuela elegían a un nuevo líder o representante cada diez años.

SÓCRATES ES MORTAL

Aristóteles consideraba que el uso de la razón era la más elevada de las ocupaciones y que la lógica era la herramienta con que las personas obtenemos saber. Su innovador sistema lógico introdujo el silogismo, una conclusión obtenida a partir de dos premisas. Por ejemplo, si aceptamos las premisas «Todos los hombres son mortales» y «Sócrates es un hombre», podemos deducir que: «Por tanto, Sócrates es mortal».

«La **sabiduría** debe ser razón intuitiva combinada con conocimiento **científico.**»

LÓGICA ANIMAL

La labor científica de Aristóteles abarcó desde la astronomía hasta la zoología. Fue el primero en diferenciar a ballenas y delfines de los peces, y diseccionó cientos de criaturas en su empeño por comprender cómo eran. Mediante la lógica, clasificó los organismos en una innovadora *scala naturæ* o «cadena de seres», un ingente sistema de clasificación que fue muy influyente durante 2000 años.

¿Qué constituye un BUEN ARGUMENTO?

PARA QUE UN ARGUMENTO SEA LÓGICO Y CONVINCENTE, DEBE BASARSE EN UNAS PREMISAS VERDADERAS O, AL MENOS, RAZONABLES Y QUE RESPALDEN LA CONCLUSIÓN. UN ARGUMENTO SE PUEDE PRESENTAR DE DISTINTAS FORMAS, Y LA FORMA LÓGICA QUE ADOPTE DETERMINARÁ SI ES CORRECTO INFERIR LA CONCLUSIÓN A PARTIR DE LAS PREMISAS.

NO SE PUEDE REBATIR UN ARGUMENTO VÁLIDO

> El artista M. C. Escher usó la perspectiva para crear paradojas visuales en su arte, como escaleras que parecen no acabar nunca.

Analizar un argumento

Durante siglos, el principal método de análisis de un argumento se basó en el modelo aristotélico de silogismo: un argumento consiste en dos premisas y una conclusión, y para darse por bueno, tiene que cumplir ciertas condiciones. Cada proposición del argumento consiste en dos términos, que pueden ser universales (como «Todo X es Y» o «Ningún X es Y») o particulares (como «Algunos X son Y» o «Algunos X no son Y»). Las distintas combinaciones de esta clase de proposiciones dan un total de 256 formas posibles de silogismo, las cuales se han clasificado según se pueda inferir o no la conclusión de las premisas. Solo algunas constituyen argumentos deductivos válidos, en que una conclusión particular se sigue de una premisa universal, y si las premisas son verdaderas, la conclusión debe serlo también. Otras formas incluyen ejemplos de errores de razonamiento y se conocen como falacias, o ejemplos de argumentos como la inducción, en los que las premisas respaldan la conclusión pero no garantizan lógicamente su veracidad.

> NO HAY **VERDADES COMPLETAS:** TODAS SON **MEDIAS VERDADES.** ES CUANDO LAS TRATAMOS COMO VERDADES COMPLETAS CUANDO LE HACEMOS EL JUEGO AL DIABLO.
>
> ALFRED NORTH WHITEHEAD

Las medias verdades

Sin embargo, la lógica basada en el análisis aristotélico de los argumentos tenía sus deficiencias. Aunque mostraba si un argumento deductivo era válido o no, no era un buen sistema para evaluar la solidez de una conclusión que no pudiera rebatirse ni demostrarse. La lógica matemática que presentó Gottlob Frege en el siglo XIX ayudó a disponer de un modelo más avanzado para determinar la solidez de los argumentos. Pero el problema seguía siendo que los argumentos dependían de la idea de que las cosas son verdaderas o falsas, cuando, de hecho, existen las «medias verdades». En época reciente, se ha propuesto un sistema de «lógica difusa» para ofrecer un continuo entre verdadero (a lo que se

¡NO PUEDE SER CIERTO!

Se atribuye a Epiménides de Creta la famosa paradoja «Todos los cretenses son unos mentirosos»: al decirlo, está reconociendo que él mismo no dice la verdad. La afirmación en sí es muy sencilla pero, por el hecho de autocontradecirse, nos devuelve al comienzo: si es verdadera, Epiménides miente; pero si él miente, no puede ser verdad.

adjudica el valor 1) y falso (valor 0), de modo que una «media verdad» se expresaría como verdad de grado 0,5; una alta probabilidad, de 0,9; o una posibilidad remota, de 0,1.

Paradojas desconcertantes

Pero hasta un argumento en apariencia bien fundamentado, basado en aparentes premisas verdaderas, puede llevar a una conclusión obviamente errónea o contradictoria, una paradoja. A menudo cuesta distinguir si se trata solo de un razonamiento defectuoso o si la causa son unas premisas falsas, ambiguas o incluso contradictorias. Una de las más famosas paradojas la planteó Zenón de Elea: en su sugerente argumento, Aquiles nunca consigue alcanzar a una tortuga en una carrera si le permite empezar con ventaja (*véase* la ilustración a la izquierda). A los filósofos les costó refutar su argumento recurriendo a las herramientas de la lógica tradicional. Y ese es el problema de las paradojas: que aparentan tener un fundamento lógico, pero conducen a una conclusión absurda. Ni siquiera las sofisticadas técnicas matemáticas modernas han hallado una solución sencilla al enigma de Zenón.

⊖ Aquiles y la tortuga

En la paradoja de Zenón de Elea, Aquiles nunca conseguirá adelantar a la tortuga porque, en cuanto él alcance la actual posición del animal, este ya habrá avanzado de nuevo.

Véanse también: 90–91, 92–93, 102–103

LÓGICA y ciencia, ¿qué relación tienen?

LAS CIENCIAS NATURALES SE BASAN EN LA OBSERVACIÓN Y LA EXPERIMENTACIÓN, A DIFERENCIA DE LAS MATEMÁTICAS, QUE LO HACEN EN EL RAZONAMIENTO LÓGICO. PERO LOS CIENTÍFICOS, AL TRATAR DE ENTENDER LO QUE OBSERVAN, HAN DESARROLLADO MÉTODOS PARA EXAMINARLO Y PRESENTAR PRUEBAS QUE JUSTIFIQUEN SUS TEORÍAS DE UNA MANERA LÓGICA.

En busca de reglas

Aristóteles, considerado a menudo el iniciador del enfoque científico, fue muy sistemático en su trabajo. Además de ser el primero en analizar y clasificar argumentos lógicos, y en organizar metódicamente aspectos de su filosofía, fue un naturalista entusiasta, y ordenó sus observaciones del mundo natural con el mismo espíritu metódico. Quiso clasificar todos los seres vivos y afrontó la tarea por el camino lógico, agrupando plantas y animales en función de sus características. Por ejemplo, observó que todos los peces que había visto tenían branquias, y concluyó que esta característica distinguía a los peces de los demás animales marinos. Así, constituyó una serie de reglas generales a partir de sus observaciones.

LOS CIENTÍFICOS ABORDAN LOS PROBLEMAS DE FORMA LÓGICA

SI UN HOMBRE ACEPTA EMPEZAR CON DUDAS, TERMINARÁ CON CERTEZAS.
FRANCIS BACON

Un método científico

Aunque era muy sencillo, el método de Aristóteles estableció el principio de observar para después analizar los datos resultantes de la observación. Esto se podía usar como prueba para apoyar una idea o hipótesis. Este principio lo adoptaron los científicos y filósofos islámicos, que no solo observaron lo que ocurría en el mundo natural, sino también en experimentos, lo cual condujo a un enfoque más sistemático (un método verdaderamente científico), propuesto por el filósofo inglés Francis Bacon. El método de Bacon sigue una secuencia lógica de pasos: observación, formulación de una hipótesis

REALIZAR UNA OBSERVACIÓN
AQUÍ, EL CIENTÍFICO PUEDE OBSERVAR QUE UN OBJETO, POSIBLEMENTE UN JARRÓN, ESTÁ ROTO, Y QUE ERA DE TRES COLORES DIFERENTES.

FORMULAR UNA HIPÓTESIS
EL CIENTÍFICO TRATARÍA ENTONCES DE EXPLICAR QUÉ ASPECTO TENÍA EL OBJETO. ¿QUIZÁ LOS TROZOS ENCAJABAN FORMANDO TRES FRANJAS DE COLORES?

Véanse también:
92–93, 102–103

Francis Bacon murió de neumonía, que contrajo llenando un pollo con nieve durante un experimento sobre refrigeración.

para explicar un fenómeno concreto y comprobación de la hipótesis mediante experimentos concebidos para arrojar los resultados esperados. A diferencia de otras formas de investigación, este método científico no se limita a inferir una regla general a partir de los ejemplos observados de un fenómeno, sino que utiliza dichas observaciones para predecir que, en circunstancias similares, siempre ocurrirá lo mismo: la hipótesis. Luego observa si es efectivamente así reproduciendo esas circunstancias en experimentos. Los resultados de los experimentos respaldarán o rebatirán la teoría.

ORDENADORES LISTOS

Los primeros ordenadores, programados con sencillas reglas matemáticas, realizaban tareas básicas de aritmética. Para que hagan algo más complejo, es necesario transformar esas tareas en una progresión lógica de pasos, cada cual con una forma lógica que el ordenador pueda «entender». Las nuevas formas de la lógica matemática resultaron cruciales para que los ordenadores pasaran de ser simples aparatos de cálculo a máquinas con inteligencia artificial.

Resultados a prueba

Al igual que el método aristotélico de observar ejemplos concretos e inferir una regla general, el método científico es una forma de razonamiento inductivo. Como tal, no puede demostrar que una teoría sea verdadera pero, cuantos más ejemplos se puedan observar, más sólida será la evidencia de una teoría, y el

proceso de experimentación crítica ofrecerá indicios aún más sólidos. El resultado de un experimento se puede comprobar realizando otro para ver si dichos resultados se reproducen. A fin de garantizar que el resultado sea lo más fiable y objetivo posible, se han concebido sofisticadas técnicas de experimentación, medición y análisis de datos. Por ejemplo, en medicina se puede poner a prueba un tratamiento administrándoselo a varios pacientes al mismo tiempo, mientras grupos de control reciben placebo (una sustancia sin efecto terapéutico) o bien no son tratados. Luego se comparan los resultados de cada grupo para medir estadísticamente la efectividad de dicho tratamiento. Esta claro, pues, que tanto la lógica como las matemáticas desempeñan un papel relevante en el método científico.

REALIZAR UN EXPERIMENTO

EL SIGUIENTE PASO ES PONER A PRUEBA LA HIPÓTESIS REALIZANDO UN EXPERIMENTO: COMPROBAR SI LAS PIEZAS ENCAJAN COMO SE SUPONÍA.

VER LOS RESULTADOS

POR ÚLTIMO, EL CIENTÍFICO OBSERVARÁ SI EL RESULTADO RESPALDA O NO SU HIPÓTESIS: EL JARRÓN ARREGLADO MUESTRA QUE ASÍ ES.

TODOS LOS CISNES SON BLANCOS...

¿Podemos CREER lo

LOS PRODUCTOS DE LA CIENCIA DOMINAN EL MUNDO, DESDE LOS ORDENADORES HASTA LOS ALIMENTOS GENÉTICAMENTE MODIFICADOS. TAMBIÉN SE HA AVANZADO EN LA EXPLICACIÓN DE CÓMO FUNCIONA EL UNIVERSO. TENDEMOS A ACEPTAR ESTAS EXPLICACIONES, AUNQUE ALGUNOS FILÓSOFOS ASEGURAN QUE NO HAY UNA BASE LÓGICA PARA CREERLAS.

NUESTRA EXPERIENCIA PASADA NO PUEDE SER PRUEBA DE NADA PARA EL FUTURO.
DAVID HUME

El problema de la inducción

Las teorías científicas solo se pueden basar en los indicios disponibles, por lo que la observación de ejemplos sirve para respaldar conclusiones generales sobre lo que podría ocurrir en el futuro o en cualquier lugar del universo. Se trata del razonamiento inductivo, del que dependen los científicos cuando tratan de contarnos algo sobre el mundo. Así, puedo concluir que, cuando suelte una pelota, se caerá al suelo, porque cada vez que he soltado una pelota, esta ha caído; o inferir que, como he visto que el sol sale cada día, lo volverá a hacer también mañana. Pero ¿qué fundamentos tengo para creerlo? Según David Hume, nuestra dependencia del razonamiento inductivo es injustificada. No tenemos más motivos para suponer

LOS grandes logros de la ciencia, de las máquinas a los viajes espaciales, se basan en la inducción.

que el sol saldrá mañana que para suponer que no. Según él, el problema de la inducción es que se basa en la asunción de que todo sigue un patrón inmutable y que el futuro se asemejará al pasado, asunción que se basa a su vez en el razonamiento inductivo: asumimos que la naturaleza es uniforme porque nuestra limitada experiencia así nos lo dicta. De igual modo, el hecho de que, en nuestra experiencia, un fenómeno haya seguido invariablemente a otro no significa que el primero desencadene el segundo. Si dos relojes van con segundos de diferencia, uno siempre dará la hora después del otro, pero no por su causa. Para Hume, la ciencia es una cuestión de costumbre y hábito, no de razonamiento: no podemos evitar creernos esas cosas. Tal vez suene ridículo afirmar que es tan probable que el sol salga mañana como que no lo haga, pero a los filósofos les ha costado trabajo hallar un punto flaco en el argumento de Hume.

...PERO, ¿LO SON?

↑ Lógica dudosa
La conclusión «Todos los cisnes son blancos»
no tiene garantía lógica de ser cierta, por muchos
cisnes blancos que hayamos visto; el avistamiento
de un solo cisne negro determinaría su falsedad.

que dice la CIENCIA?

No todos los gatos tienen cola

El problema de la inducción puso en duda hasta qué punto nos podemos fiar de las teorías científicas, y quedó sin resolver hasta que a mediados del siglo xx Karl Popper propuso otro enfoque. Él coincidía en que varios ejemplos observados no pueden confirmar un principio general; pero, señaló, un único ejemplo negativo puede echar por tierra una teoría. Así, por muchos gatos que vea con cola, no puedo estar seguro de la veracidad de la teoría «Todos los gatos tienen cola»; pero ver un solo gato sin cola demuestra que es falsa. Según Popper, las teorías son científicas solo si son falsificables (si se puede probar que son falsas mediante la observación o el experimento).

¡Pero la inducción funciona!

¿Se puede establecer que es razonable confiar en un razonamiento inductivo mostrando que funciona? Al fin y al cabo, los científicos han llevado a personas a la Luna basándose en argumentos inductivos. ¿No demuestran estas hazañas que está

HUME TENÍA TODA LA RAZÓN AL SEÑALAR QUE LA INDUCCIÓN NO TIENE JUSTIFICACIÓN LÓGICA.

KARL POPPER

justificado creer en esos argumentos? Pero este razonamiento ya es inductivo en sí: afirma que, como la inducción ha funcionado hasta ahora, también lo hará mañana.

Véanse también:
26–27, 92–93, 100–101

LA FALACIA DEL JUGADOR

Si lanzamos una moneda, hay un 50% de probabilidades de que salga cara, lo que significa que, si la lanzamos 100 veces, la probabilidad será de 50 veces. Pero es fácil caer en la trampa de creer que, si nos ha salido cruz 99 veces seguidas, lo más probable es que salga cara la vez siguiente. Se trata de una falacia, ya que la probabilidad de que salga cara sigue siendo del 50% en cada lanzamiento.

¡Utiliza el
SENTIDO COMÚN!

LA LÓGICA SUELE PARECER MUY ABSTRACTA, CON POCA RELACIÓN CON NUESTRO
MUNDO. NO LA PODEMOS USAR PARA DETERMINAR SI LAS TEORÍAS CIENTÍFICAS
SON VERDADERAS, Y HASTA LOS ARGUMENTOS CON BASE SÓLIDA PUEDEN LLEVAR
A PARADOJAS QUE DESAFÍAN EL SENTIDO COMÚN. ASÍ, A LA HORA DE JUSTIFICAR LO
QUE CREEMOS, QUIZÁ NO SOLO CUENTE LA LÓGICA; TAMBIÉN EL SENTIDO COMÚN.

Véanse también:
26-27, 98-99, 100-101, 102-103

Sentido común e intuición

Hasta cierto punto, la lógica se puede considerar
un «sentido común» altamente organizado.
Muchas de las inferencias que
llevamos a cabo sin analizarlas de
manera consciente son como las
de un argumento lógico, y solemos
reconocer cuándo una conclusión
se sigue o no de una afirmación
sin tener que referirnos a las
reglas de la lógica. Pero a veces
el sentido común nos puede fallar.
Para muchos astrónomos antiguos,
por ejemplo, parecía de sentido común
que la Tierra era plana y que el Sol surcaba
el cielo terrestre. A veces, por otra parte, lo
que parece de sentido común no es más que
un presentimiento o intuición, lo que resulta

> El primero
> de quien se sabe que
> usó la expresión «sentido
> común» es aristóteles, en
> el contexto de la mente
> animal.

una justificación pobre para creer algo.
No obstante, aunque un buen argumento
necesita basarse en la lógica, el sentido
común y la intuición también cuentan.
En el caso de las paradojas
(premisas o conclusiones que
parecen bien fundamentadas
pero llevan a una conclusión
absurda), percibimos por
instinto que algo falla. El
sentido común también nos
dice que el razonamiento no
se sostiene; entonces podemos
utilizar la lógica para estudiar el
argumento con más atención.

Cuanto más sencillo, mejor

Guillermo de Ockham, monje y filósofo
medieval, defendió un particular tipo de
sentido común a la hora de decidirnos
entre explicaciones y argumentos rivales.
Según él, los filósofos ofrecían elaboradas
explicaciones, basadas en numerosas
premisas, para justificar sus teorías. Dijo
que, cuando nos enfrentamos a más de
una explicación de algo, siendo todas en
apariencia adecuadas, lo más probable
es que la correcta sea la más sencilla.
Este principio se conoce como navaja de
Ockham (u Occam), ya que «rasura» toda
asunción innecesaria. David Hume adoptó
un enfoque similar en su crítica a René

ESCLAVA DE LAS PASIONES

David Hume, que abogaba por
basar nuestro razonamiento en
la experiencia, observó también
que nuestros juicios y decisiones
tienden a basarse más en nuestros
sentimientos que en la razón. Lo
más probable es que usemos el
intelecto para justificar lo que nos
dictan las emociones e impulsos
instintivos; en palabras suyas, «la
razón es esclava de las pasiones».

La navaja de Ockham ➔

Guillermo de Ockham consideraba que los filósofos tienden a complicarlo todo en exceso. Dijo que, si disponemos de múltiples explicaciones igual de posibles, la más sencilla es seguramente la más válida.

Descartes y los filósofos racionalistas al preguntarse por qué tenían que proponer la existencia de un mundo inmaterial para justificar sus teorías.

Que la costumbre nos guíe

Lo que Hume y los demás filósofos empiristas pretendían era que su filosofía se equiparase a la ciencia justificando sus ideas con pruebas del mundo que los rodeaba. Tras mostrar que no hay justificación lógica para el razonamiento inductivo de la ciencia (pp. 102–103), Hume dijo que usamos de forma natural la costumbre —o, en palabras suyas, el «hábito mental»— como guía. Según él, aunque las creencias científicas no se pueden justificar, no podemos evitar extraer conclusiones sobre el futuro basándonos en la experiencia. De nuevo, el sentido común entra en escena. Si ocurre algo que desafía las reglas generales, las «leyes» de la naturaleza o la física que hemos inferido a partir de nuestra experiencia, y es calificado de milagro, el sentido común —que deriva también de la experiencia— nos dice que seguramente no sea cierto. La probabilidad de que un hecho que contradice toda nuestra experiencia sea milagroso es menor que la de que nuestros sentidos hayan sido burlados o la información sobre ese hecho sea falsa.

ELIMINA LAS ASUNCIONES INNECESARIAS

ES INÚTIL HACER CON MÁS LO QUE SE PUEDE HACER CON MENOS.

GUILLERMO DE OCKHAM

LUDWIG WITTGENSTEIN

1889–1951

Ludwig Wittgenstein, uno de los principales filósofos del siglo XX, fue instruido en su propio hogar en Viena hasta los 14 años, cuando empezó a estudiar matemáticas e ingeniería. Se obsesionó con la lógica y la filosofía, por lo que, en 1911, se mudó a Cambridge para estudiar lógica con Bertrand Russell. El manuscrito de su primera obra destacada, *Tractatus Logico-Philosophicus*, permaneció oculto durante la Primera Guerra Mundial. Russell lo recibió estando Wittgenstein prisionero.

LA FAMILIA WITTGENSTEIN

Los Wittgenstein, ricos gracias al negocio de la fabricación de acero y bien relacionados, acogían con regularidad a Gustav Mahler o Johannes Brahms en su casa de Viena. Ludwig era el menor de ocho hermanos, de los cuales tres varones se suicidaron. El hermano que le quedó, Paul, fue un conocido pianista que, tras perder su brazo derecho en la Gran Guerra, encargó varias piezas de piano para tocar solo con la mano izquierda.

SERVICIO MILITAR

Al estallar la guerra, Wittgenstein se enroló como voluntario en el ejército austriaco, en el que sirvió en la marina y en la artillería antes de que lo destinaran al frente ruso en 1916. Ganó varias medallas al valor en el campo de batalla, pero fue capturado en Italia y estuvo encarcelado hasta agosto de 1919, nueve meses después de finalizar la guerra.

En la Segunda Guerra Mundial, Wittgenstein dejó Cambridge y trabajó como camillero en el Guy's Hospital de Londres y como ayudante de laboratorio en Newcastle por 4 £ a la semana.

LENGUAJE Y LÓGICA

En el *Tractatus* (1921), Wittgenstein reflexionó sobre la relación entre el lenguaje y el mundo y acerca de los problemas filosóficos que surgen de la mala comprensión de la lógica del lenguaje. Más tarde afirmó que los problemas filosóficos son provocados por la confusión lingüística, aunque creía que podían disiparse prestando atención a cómo se usa el lenguaje.

«La **complejidad** de la **filosofía** no radica en su materia de estudio, sino en nuestra enredada **comprensión**.»

EL PROFESOR RETICENTE

Tras trabajar como maestro en una escuela rural y jardinero, en 1929 Wittgenstein regresó como docente a Cambridge, donde fue elegido catedrático en 1939. Sus clases eran densas y las daba sin apuntes, reclinado en una tumbona. A menudo se marchaba con prisa para ir al cine a ver sus amados *westerns*. Incluso animaba a sus alumnos a buscar una «línea de trabajo más útil» que la filosofía.

¿Qué nos dice la

UNO DE LOS PROBLEMAS AL TRATAR DE VALORAR ARGUMENTOS ES QUE SUELEN PRESENTARSE DE UN MODO TOSCO; A MENUDO NI SIQUIERA QUEDA DEL TODO CLARO CUÁL ES EL ARGUMENTO. A VECES, ANTES DE PODER EVALUAR SI UN ARGUMENTO LÓGICO ESTÁ BIEN FUNDAMENTADO O NO Y SI SUS PREMISAS SON VERDADERAS, ES NECESARIO ANALIZARLO CON ATENCIÓN.

> ## SE PUEDE OBTENER GRAN PLACER DEL CONOCIMIENTO INÚTIL.
> — BERTRAND RUSSELL

Véanse también: 90-91, 92-93

Lenguaje ordinario

Los filósofos (igual que los políticos, los abogados, los científicos) usan argumentos para intentar justificar sus explicaciones. Para evaluar la solidez de esos argumentos, podemos recurrir a la lógica. Pero no siempre hablamos o escribimos de tal modo que nuestros argumentos queden claros. En filosofía, a menudo ayuda «traducir» lo que alguien dice a una forma lógica más clara. Identificar las distintas premisas de un argumento y cómo se relacionan con su conclusión facilita la valoración de dicho

Bertrand Russell, destacado activista antibélico, fue encarcelado dos veces por el gobierno británico.

argumento. Hasta las afirmaciones que parecen sencillas a veces precisan un análisis detallado para determinar qué significan con exactitud. Bertrand Russell pensaba que los filósofos debían poner al descubierto la «forma lógica» que subyace a lo que se dice en lenguaje ordinario. Para establecer la veracidad de una afirmación, antes debemos conocer su significado.

Análisis lógico

A Russell se le conoce sobre todo por su «teoría de las descripciones». Una descripción es una frase con la forma «el tal» (como «la reina de Inglaterra» o «el planeta Tierra») que se refiere a una persona o cosa en concreto (como lo hacen los nombres).
Usamos una descripción para decir algo verdadero o falso sobre la persona o cosa: «La reina de Inglaterra vive en un palacio». El problema es que algunas frases parecen referirse a personas o cosas particulares cuando, de hecho, no se refieren a nada. La frase «El rey de Francia es calvo» *parece* constituir una sola afirmación sobre algo, que «el rey de Francia» es calvo. Pero en Francia no hay rey, así que esta frase no se refiere a nadie; está fallando como descripción. Según Russell, la clave para dotar de significado a dichas frases era entender que, en vez de hacer una declaración, la frase contiene tres declaraciones

SUMAS LÓGICAS

Entre 1910 y 1913, Bertrand Russell (a la derecha) y su antiguo maestro Alfred North Whitehead publicaron *Principia Mathematica,* una obra sobre lógica en tres volúmenes. En ella se proponen mostrar que la aritmética deriva de los principios básicos de la lógica y que, de hecho, las matemáticas son solo una rama de esta.

LÓGICA?

diferentes. Para hallar la verdadera forma lógica de la frase (y evaluar si es verdadera o falsa), antes hay que descomponerla: (1) hay al menos un rey de Francia, (2) hay como máximo un rey de Francia y (3) si existe tal rey, es calvo. Aunque ahora la frase tiene significado, es falsa si no hay ningún rey en Francia. El análisis de Russell resuelve la cuestión de cómo frases que no refieren se pueden usar con pleno significado para hacer afirmaciones ciertas o falsas. Pero los filósofos no se ponen de acuerdo sobre si tenía razón.

Ver a nadie

Hay otras expresiones, como «nadie» y «todo», que tampoco logran referir; los filósofos las llaman cuantificadores. Tomemos esta cita de *Alicia a través del espejo* de Lewis Carroll (que también era lógico y cuya obra fascinó a Russell): «"A nadie veo en el camino", dijo Alicia. "Ojalá tuviera yo tan buena vista", exclamó en tono quejumbroso el Rey: ¡Ser capaz de ver a Nadie!"». Aquí, el Rey trata «nadie» como si la palabra se refiriese a alguien, pero no es así como se usa. «Frank corrió» y «Nadie corrió» son frases de apariencia similar, pero «nadie» no es un nombre como lo es «Frank». En realidad, lo que dice Alicia es que el total de personas a las que ve en el camino es cero.

❯ La lógica en el lenguaje

Antes de poder averiguar si la afirmación «La montaña de oro macizo está en Tíbet» es verdadera o no, hay que descomponerla en una forma lógica para asegurarnos de entender su significado.

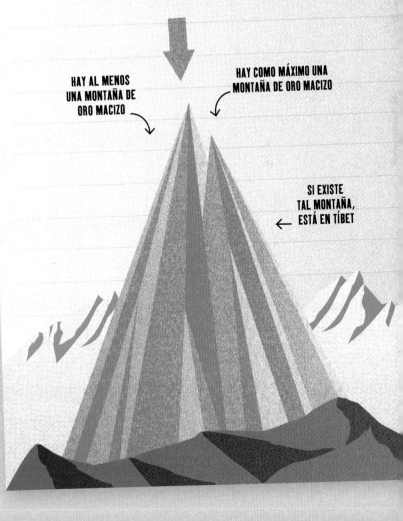

CÓMO ANALIZAR UNA AFIRMACIÓN

LA MONTAÑA DE ORO MACIZO ESTÁ EN TÍBET.

HAY AL MENOS UNA MONTAÑA DE ORO MACIZO

HAY COMO MÁXIMO UNA MONTAÑA DE ORO MACIZO

SI EXISTE TAL MONTAÑA, ESTÁ EN TÍBET

LOS FILÓSOFOS HAN OFRECIDO NUMEROSAS TEORÍAS SOBRE
EL UNIVERSO Y NUESTRO LUGAR EN ÉL, Y HAN RECURRIDO
A ARGUMENTOS LÓGICOS PARA RESPALDARLAS. PERO EL
LENGUAJE, AUNQUE NOS PUEDE SERVIR PARA DESCRIBIR LO
FÍSICO, PUEDE SER INSUFICIENTE PARA HABLAR DE OTRAS
CUESTIONES, COMO LAS CREENCIAS RELIGIOSAS O LAS
AFIRMACIONES SOBRE MORALIDAD Y ÉTICA.

Representar el mundo

Como ya habían hecho antes muchos filósofos,
Ludwing Wittgenstein se propuso establecer si
nuestra comprensión del mundo tiene límites. Optó
por estudiar cómo usamos el lenguaje para articular
nuestros pensamientos sobre el mundo. Según él, al
tratar de entender y explicar el mundo, lo describimos
usando el lenguaje, el cual nos permite «representarlo».
La estructura del mundo y la del lenguaje con el que
lo representamos son una misma. Podemos usar

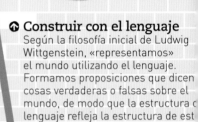

⬆ Construir con el lenguaje
Según la filosofía inicial de Ludwig
Wittgenstein, «representamos»
el mundo utilizando el lenguaje.
Formamos proposiciones que dicen
cosas verdaderas o falsas sobre el
mundo, de modo que la estructura d
lenguaje refleja la estructura de est

Tiene que haber una

nombres, como «perro», para etiquetar elementos de
la realidad; así disponemos de bloques de construcción
de lenguaje. A partir de ahí, podemos combinar dichos
nombres de formas diferentes para obtener distintas
proposiciones o «representaciones» del mundo, como
por ejemplo, «El perro ladra». Las proposiciones serán
verdaderas o falsas según el mundo sea o no tal como
lo hemos «representado» (nuestra proposición será
verdadera si el perro ladra, y falsa si no lo hace).

> ## LOS LÍMITES DE MI LENGUAJE SON LOS LÍMITES DE MI MUNDO.
> **LUDWIG WITTGENSTEIN**

Los límites del lenguaje

Pero para que el lenguaje tenga algún significado, las
proposiciones deben consistir en nombres que
etiqueten elementos del mundo que
hayamos experimentado. Para
Wittgenstein, el lenguaje con
significado se limita a dichas
proposiciones. Él creía que
las afirmaciones referentes
a ética, moralidad, metafísica y
religión no son proposiciones con

> **Ludwig wittgenstein, muy celoso de sus trabajos, los guardaba en una caja fuerte.**

significado: no «representan» nada y, por tanto, no
consiguen aseverar nada. Aun así, las consideraba
capaces de mostrarnos algo, incluido lo «místico»
que no se puede expresar con palabras.

Lenguaje público y privado

Más tarde, Wittgenstein cambió de parecer sobre el
lenguaje: comprendió que se usa de muchas formas
diferentes, no solo para hacer afirmaciones sobre el
mundo. Esto le llevó a desarrollar una filosofía muy
distinta, que subrayaba que el lenguaje es como una

EL LENGUAJE NOS AYUDA A CONSTRUIR LA REPRESENTACIÓN DE CÓMO VEMOS NUESTRO MUNDO

PROPOSICIONES

explicación **LÓGICA**

caja de herramientas: contiene una amplia variedad de expresiones que se usan de muchos modos diferentes. Pero el argumento más conocido de la filosofía tardía de Wittgenstein quizá sea su «argumento del lenguaje privado»: decía que no podemos adjudicar etiquetas significativas a experiencias que sean privadas o subjetivas (como la sensación de dolor), porque nos resulta imposible comprobar si las estamos aplicando correctamente. Por tanto, este lenguaje privado carecería de significado. Según Wittgenstein, debe haber también un «lenguaje público», en el que las palabras adquieran su significado por el modo en que las utilizamos. Una palabra o una afirmación no significan algo específico; su significado depende del contexto en que se empleen. Según su punto de vista,

todos los problemas filosóficos son producto de la confusión lingüística, causada por cómo se usa efectivamente el lenguaje. Para dichos problemas, sostenía, no precisamos soluciones, lo que necesitamos es ver que, de entrada, no había ningún problema.

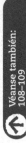

Véanse también: 108–109

EL ESCARABAJO EN LA CAJA

Wittgenstein recurrió a una analogía para ilustrar sus ideas sobre el lenguaje público y privado: cada cual tiene una caja con algo en el interior que nadie más puede ver y a lo que llamamos «escarabajo». Todos decimos saber qué es un escarabajo al mirar en nuestra caja, pero puede que cada cual tenga algo diferente. Todos sabemos que, al decir «escarabajo», nos referimos a «lo que hay en mi caja», con independencia de lo que cada caja contenga.

¿La **RAZÓN** y la **FE**

NO HABRÍA QUE INTENTAR RAZONAR...

LOS PRIMEROS FILÓSOFOS RECURRIERON AL RAZONAMIENTO PARA TRATAR DE COMPRENDER EL MUNDO, Y OFRECIERON EXPLICACIONES RACIONALES EN VEZ DE CREENCIAS CONVENCIONALES. PERO EL RAZONAMIENTO FILOSÓFICO SE HA USADO TANTO PARA JUSTIFICAR CREENCIAS RELIGIOSAS COMO PARA CONTRADECIRLAS, Y HAY COSAS QUE LA RAZÓN NO EXPLICA POR SÍ SOLA.

Los inmortales

Aunque los antiguos filósofos griegos buscaron explicaciones racionales como alternativa a las creencias tradicionales, esto parece que no amenazó su religión.

Para ellos, la religión era algo distinto a nuestra idea de un ser supremo: creían que los dioses inmortales existían, pero sus vidas eran parecidas a las de los humanos, y no dictaban cómo estos debían comportarse. Aun así, pocos filósofos se atrevían a mostrarse ateos abiertamente, ya que no era buena idea criticar las ideas sobre los dioses. En vez de limitarse a aceptar la existencia de un ser supremo o un alma inmortal como acto de fe, filósofos como Platón usaron el razonamiento para justificar sus creencias.

taoísmo, confucianismo y budismo pueden considerarse filosofías o religiones, pues su visión del mundo implica tanto la razón como la fe.

Cristianismo e islam

Con la expansión del cristianismo en Europa, las actitudes hacia el pensamiento racional cambiaron. Todos los aspectos de la vida medieval estaban bajo el dominio de la Iglesia, que exigía una fe absoluta en sus doctrinas. La teología (ciencia que trata de Dios y las creencias religiosas) ganó terreno a la filosofía, y el legado de los filósofos griegos se contempló con recelo, cuando no con hostilidad. Poco a poco se aceptaron ideas de Platón y Aristóteles, pero el razonamiento filosófico (capacidad que se consideró un don de Dios) se usó sobre todo para ofrecer justificaciones racionales a artículos de fe tales como la existencia de Dios. El islam, por su parte, no veía tan incompatibles sus creencias

son compatibles?

...SOBRE LA FE

respecto a la filosofía occidental. Los eruditos islámicos, además de teología, estudiaron y perfeccionaron la obra de los filósofos griegos, y realizaron grandes avances en matemáticas y ciencia. Implícitamente reconocieron que hay un lugar tanto para la fe como para la razón.

¿Un mundo laico?

Con el Renacimiento, la Iglesia perdió en Europa buena parte de su poder. Los líderes religiosos fueron reemplazados por los políticos, y las sociedades basaron sus leyes en el razonamiento de la filosofía moral más que en los mandamientos divinos. Además, tenía lugar una revolución científica que desafiaba muchas creencias religiosas. Se extendió la idea de que, si bien el pensamiento racional y la fe religiosa podían coexistir, eran totalmente independientes. Este punto de vista ha persistido hasta el presente, a pesar del florecimiento, en el siglo XIX, de la filosofía materialista, que afirmaba que solo puede existir lo material, y de la aparición de

filósofos que decían que no hay lugar para nada que no pueda explicar la razón. Hoy la mayoría de filósofos aceptan que hay cosas que no se pueden demostrar con la razón, y que la filosofía y la ciencia son incapaces de responder a todo. Con todo, aunque el razonamiento, y en particular la ciencia, pueda contradecir algunas de las creencias básicas de la religión, hay muchos filósofos y científicos con fe religiosa. El peligro, no obstante, es cuando el razonamiento se utiliza para respaldar algo que ya ha sido aceptado por fe, o cuando la fe sustituye el razonamiento. Si los argumentos científicos y racionales se niegan en virtud del dogma religioso o político, no queda espacio para el debate racional.

Véanse también: 44-45, 66-67

> NO BUSQUES **ENTENDER** PARA CREER, **CREE** PARA PODER ENTENDER.
> SAN AGUSTÍN DE HIPONA

HALLAR SOLUCIONES

Muchos trabajos implican la resolución de problemas y la toma de decisiones. Antes de seguir adelante, es importante que nos paremos a pensar en la tarea y las opciones disponibles. Analizando un problema, nos será más fácil ver las consecuencias lógicas y elaborar un plan de acción.

HACERSE ENTENDER

Con frecuencia tenemos que convencer a otros de que acepten nuestras ideas. Esto puede ocurrir en un debate o en una presentación, o simplemente en una discusión con amigos. Sea cual sea la circunstancia, presentar una cuestión con un argumento lógico y fundamentado tiene más peso que limitarse a dar una opinión.

Lógica
APLICADA

EL MEJOR ARGUMENTO

Los abogados que actúan en nombre de sus clientes basan sus casos en las pruebas disponibles, y en la relación de estas con las leyes del territorio. Sin embargo, para convencer al juez o al jurado y demostrar su causa más allá de toda duda razonable, tienen que presentar un argumento lógico y señalar los fallos de los argumentos de la otra parte en el pleito.

CUESTIONES ECONÓMICAS

Las políticas económicas de partidos políticos contrarios suelen ser muy diferentes, aunque todos dicen ofrecer el mejor camino para alcanzar la prosperidad. Para decidirnos por una opción, debemos evaluar tanto la solidez de sus argumentos como las implicaciones lógicas de sus políticas.

Para llevar a cabo cualquier tarea, es muy útil ordenar los pensamientos de forma lógica, pero resulta especialmente de ayuda si se trata de estudiar y aprender. Abordar un proyecto o prepararse para un examen es más efectivo si se hace de forma metódica, y la información es más fácil de recordar si sigue un orden lógico.

APRENDIZAJE LÓGICO

PROGRESO CIENTÍFICO

Mediante el razonamiento inductivo, las ciencias naturales formulan teorías a partir de la observación y la experimentación. Con métodos que se actualizan constantemente, dichas teorías se ponen a prueba para descubrir sus puntos flacos, así como para allanar el camino a nuevos hallazgos que conduzcan al progreso científico.

La lógica se desarrolló para presentar y analizar argumentos filosóficos, pero sus principios se pueden aplicar a argumentos que respalden cualquier creencia o teoría. Podemos aplicar el pensamiento racional, nuestra capacidad para razonar, a casi todo, y la lógica proporciona un marco para cómo pensamos.

A menudo se publicitan medicinas «alternativas», dietas especiales o superalimentos con la promesa de resultados milagrosos. Si parece demasiado bueno para ser cierto, es porque no hay pruebas definitivas de que funcionen de verdad. Antes de que un tratamiento se pueda considerar efectivo (y seguro), hay que comprobarlo con los métodos científicos apropiados.

CIENCIA A MEDIAS

MÁQUINAS PODEROSAS

La lógica es clave para la informática y la tecnología de la información. Programar una máquina para que lleve a cabo una tarea exige descomponer esta en series de pasos lógicos. Los avances en lógica matemática han desembocado en un amplísimo abanico de aplicaciones para la tecnología informática, así como en una mayor seguridad (como la protección de la identidad).

¿Qué está BIEN y qué está MAL?

No existen ni el MAL ni el BIEN

¿Qué es una BUENA VIDA?

CORRECTO e INCORRECTO, todo es relativo...

¿El fin JUSTIFICA los medios?

¿Cuál es el mejor tipo de SOCIEDAD?

¿Qué hace a una sociedad CIVILIZADA?

¿Son posibles la LIBERTAD y la JUSTICIA?

No hay IGUALDAD de derechos

¿Qué tiene que ver DIOS?

¿Jugamos a ser DIOS?

¿Qué es el ARTE?

La ética o filosofía moral se ocupa de reflexionar sobre qué acciones son correctas o incorrectas en distintas circunstancias, así como cuál es la mejor forma de conducir nuestra vida. Está íntimamente relacionada con la filosofía política, que se ocupa de ideas como la justicia y la libertad, y de cómo organizar y guiar nuestras sociedades.

¡HURRA!

«**ESTO ESTÁ BIEN**»
EXPRESA APROBACIÓN...

No existen ni el **BIEN**

BUENA PARTE DE LA FILOSOFÍA SE OCUPA DE PREGUNTAS SOBRE EL MUNDO QUE NOS RODEA Y NUESTRA COMPRENSIÓN DEL MISMO, LO QUE QUIZÁ PAREZCA ALEJADO DE NUESTRO DÍA A DÍA. LA RAMA DENOMINADA FILOSOFÍA MORAL O ÉTICA, SIN EMBARGO, EXAMINA IDEAS MÁS PRÓXIMAS, COMO LAS DEL BIEN Y EL MAL, DE LO CORRECTO E INCORRECTO, Y LAS BASES MORALES PARA NUESTROS JUICIOS Y ACCIONES

¿Qué es la virtud?

La filosofía moral surgió para hallar explicaciones racionales a creencias que simplemente se aceptaban por costumbre. Las ideas del bien y el mal solían ser dictadas por la religión y la tradición, con unas leyes que describían el buen y el mal comportamiento. Pero filósofos como Sócrates no se conformaron con la bondad o maldad de una acción: quisieron identificar las propiedades que convertían una acción en buena o mala. Sócrates abordó el problema desafiando las ideas convencionales. Con la pregunta «¿Qué es la virtud?», pretendió definir las propiedades morales del bien y el mal en que nos basamos para juzgar si nuestros actos son moralmente correctos o incorrectos. La filosofía moral trata de identificar dichas propiedades morales mediante el argumento racional con el fin de proporcionar a nuestros juicios éticos unos cimientos razonables.

LAS **REGLAS** DE **MORALIDAD**
NO SON CONCLUSIONES DE
NUESTRA **RAZÓN.**
DAVID HUME

Véanse también: 14–15, 110–111

PERSONAL Y POLÍTICA

El campo de la ética o filosofía moral estudia cómo podemos juzgar si una acción es moralmente buena o mala. Además de decidir nuestro código moral individual (lo que pensamos que está bien y lo que no), juntos establecemos unas leyes basadas en juicios éticos. De este modo, no solo evitamos crímenes e injusticias, sino que decidimos la manera de regir nuestra sociedad.

ni el **MAL**

Pulgares abajo ❯
David Hume y A. J. Ayer creían que no se puede razonar sobre la moralidad porque nuestros propios sentimientos subjetivos determinarán si consideramos o no que una acción u opinión son moralmente correctas.

> EL HECHO DE QUE LAS **NORMAS MORALES** SE SITÚEN POR DELANTE DE LA AUTORIDAD NO DEBERÍA BASTAR PARA **VALIDARLAS**.
>
> A. J. AYER

El problema es/debería

Según David Hume, no se podía juzgar la moralidad mediante argumentos razonados; aunque razonando podamos demostrar cómo es algo, no es lo mismo esto que cómo debería ser: hay una diferencia entre el mundo de los hechos y el del valor. No podemos obtener un «debería» de un «es», así que la razón no puede ser la base del juicio moral. Para él, buena parte de la filosofía moral erraba al determinar los hechos mediante el razonamiento, para luego inferir un valor moral sin justificación: las normas de la moralidad no pueden ser conclusiones de un argumento razonado. Hume creía que lo que llamamos «pasiones» —las emociones y los impulsos instintivos— moldea las ideas y el comportamiento, que luego justificamos razonando. De igual modo, tenemos un «sentimiento», un sentido moral, que guía nuestras decisiones éticas, y es de aquí de donde extraemos nuestras reglas morales.

Hurra y abucheo

Hubo otros filósofos escépticos respecto a si la razón puede sustentar o no las normas morales. El filósofo británico A. J. Ayer se hizo eco de las ideas de Hume y, en la década de 1930, señaló que, si bien parece que las afirmaciones sobre moralidad expongan hechos, en realidad solo

...Y «ESTO ESTÁ MAL» EXPRESA DESAPROBACIÓN

ABUCHEO

expresan actitudes. Una norma moral como «Matar está mal» da la impresión de exponer un hecho verdadero; pero para Ayer, lo único que hace es expresar una actitud de desaprobación respecto a matar. Es como decir: «¡Abucheo a matar!»; en realidad no expone nada. Lo mismo se aplica a «La beneficencia está bien»: la frase expresa lo que el hablante siente respecto a la beneficencia («¡Hurra a la beneficencia!»), pero, al igual que «Matar está mal», carece de significado real, no es verdadero ni falso. Ayer afirmó que todas las llamadas normas morales carecen de significado, ya que solo alcanzan a expresar las emociones de alguien. Por otro lado, «Yo desapruebo matar» es una afirmación con significado: declara un hecho sobre uno mismo, y este hecho podría ser falso (podría ser una mentira). A la teoría de Ayer se la conoce como emotivismo o «teoría del abucheo y del hurra». Ayer, igual que Hume, creía que nuestras emociones son los cimientos de la moralidad.

> La palabra «moralidad» procede del latín *moralitas*, que significa «comportamiento apropiado».

¿Qué es una BUENA VIDA?

UTILIZAMOS NUESTRO JUICIO MORAL PARA DECIDIR QUÉ CONSIDERAMOS BUENO Y QUÉ MALO, Y CÓMO DEBERÍAMOS ACTUAR EN DETERMINADAS SITUACIONES. TAMBIÉN RECURRIMOS A IDEAS MÁS GENERALES SOBRE QUÉ CONSTITUYE UN COMPORTAMIENTO MORALMENTE CORRECTO COMO GUÍA PARA CONDUCIR NUESTRAS VIDAS. Y LLEVAR UNA VIDA MORALMENTE BUENA QUIZÁ SIGNIFIQUE QUE SEA TAMBIÉN FELIZ.

> NO ES POSIBLE VIVIR SENSATA, HONESTA Y JUSTAMENTE SIN VIVIR PLACENTERAMENTE.
>
> EPICURO

Llevar una vida virtuosa

Parte importante de la cultura de la antigua Grecia la constituía la idea de la «buena vida» a la que toda persona debería aspirar. Los griegos la definían con la palabra *eudaimonia* (literalmente, buen espíritu), que encarnaba la idea no solo de un estilo de vida moralmente correcto, sino también con el que se estuviera satisfecho o feliz; lo que hoy consideraríamos una vida plena. Actuar de manera moralmente correcta nos aporta plenitud porque nos sentimos satisfechos de actuar siguiendo nuestros principios, y nos incomoda hacer algo que consideramos éticamente incorrecto. Los filósofos griegos quisieron determinar qué hace que algo sea moralmente bueno o malo, así como definir «virtud», que era fundamental para vivir una vida buena y feliz.

Lograr nuestro máximo potencial

Los antiguos griegos usaban la palabra *areté*, que traducimos como «virtud» pero que, en realidad, tiene un significado más amplio, relacionado con el concepto de «buena vida». Además de transmitir la idea de corrección moral, *areté* implica el concepto de excelencia, de que es «virtuoso» aspirar al pleno potencial propio. Sostenía Sócrates que, para

LA FALACIA NATURALISTA

G. E. Moore opinaba que no hay que confundir conceptos éticos como «bueno» con conceptos factuales como «placer». Es un error pensar que «bueno» significa lo mismo que «placentero», que describe una propiedad natural de algo. Los términos éticos no son factuales: no se refieren a cosas del mundo natural, sino que describen propiedades no naturales, que reconocemos por medio de la intuición o el sentido moral.

Véanse también: 118–119, 124–125, 128–129

VIRTUD

PLACERES SENSUALES

UNA BUENA VIDA

actuar virtuosamente, hay que saber qué es la *areté*, es decir, conocer las propiedades que constituyen la virtud. Poseer dicho conocimiento es ser virtuoso, no se puede conocer la *areté* y no llevar una vida virtuosa. Y quienes se comportan incorrectamente solo lo hacen porque desconocen qué es la virtud. La *areté*, concluyó, es necesaria y suficiente para la «buena vida»: si no sabes qué es la virtud, no puedes llevar una vida correcta y plena, y si lo sabes, no puedes llevar otra vida que la que es correcta y plena.

¿Virtud o placer?

Otros filósofos, en especial Aristóteles, coincidieron en que la virtud es necesaria para una vida buena y feliz, pero dijeron que no basta por sí sola. Hay otros elementos que contribuyen a llevar una vida plena, como los amigos y la familia, la salud y las comodidades materiales. Está, además, aquello que nos proporciona placer, como la riqueza y el poder. Epicuro llegó a sostener que el placer es el mayor de los bienes, y el dolor, el peor de los males. Pensaba que la moralidad se puede medir en función de la cantidad de placer o dolor que cause, de modo que la

meta de una buena vida es maximizar el placer y minimizar el dolor. Pero este fue un punto de vista minoritario, y las otras escuelas de pensamiento adoptaron el parecer de Sócrates. Los cínicos, por ejemplo, abogaron por una vida sencilla de virtud de acuerdo con la naturaleza, al tiempo que rechazaron los placeres puramente sensuales. Los estoicos desarrollarían más tarde esta idea, al defender una vida puramente virtuosa en la que son irrelevantes los factores externos que nos proporcionan placer, como la salud, la riqueza o el poder, y en la que hay que tolerar los que nos causan dolor. La división entre estas vías de pensamiento resurgió entre filósofos morales y políticos posteriores, que no se pusieron de acuerdo sobre si la moralidad de una acción se juzga por sus consecuencias o por sus intenciones.

Diógenes el cínico rechazaba los placeres terrenales; incluso dormía en un barril.

PLENA

VIRTUOSA

FELIZ

◉ Una buena vida es una vida feliz

Pese a que Sócrates, los cínicos y los estoicos equiparasen la buena vida con la virtuosa, según Aristóteles y Epicuro precisamos tanto la virtud como los placeres sensuales para sentirnos plenos.

SÓCRATES

469–399 a.C.

Hijo de un picapedrero y una comadrona, Sócrates nació en la ciudad-estado griega de Atenas y, aunque es la primera gran figura de la filosofía occidental, continúa siendo un enigma. No dejó ningún texto escrito, de modo que, cuanto creemos saber de él, procede de las obras de otros, en especial de sus antiguos discípulos Platón y el historiador Jenofonte.

Las historias sobre Sócrates lo describen como feo, fornido, bajo y con unos ojos saltones que le hacían parecer siempre con la vista fija.

CAMBIO DE RUMBO

Después de trabajar como cantero, Sócrates sirvió en el ejército ateniense contra Esparta durante la guerra del Peloponeso. Luchó en tres campañas, incluido el sitio de Potidea, donde salvó la vida a Alcibíades, general ateniense. De vuelta a su hogar, se convirtió en filósofo a tiempo completo, paseándose entre la gente y utilizando la ciudad entera como aula.

EL MÉTODO SOCRÁTICO

Sócrates hablaba con cualquiera que deseara hacerlo, y su método para enseñar y explorar temas se popularizó como «método socrático». Empezaba por adoptar una postura de absoluta ignorancia antes de buscar y aclarar cuestiones que evidenciaban lagunas de conocimiento o falta de lógica en un argumento. Así ayudaba al discípulo a alcanzar la comprensión.

OBSERVAR A LA GENTE

Sócrates centró su filosofía plenamente en la humanidad. Sostenía que la sabiduría definitiva procede del conocimiento de las personas de sí mismas. Él se veía como un «ciudadano del mundo», no solo de Atenas. Creía que la mejor forma de gobierno no era la democracia ni la dictadura, sino el gobierno de quienes poseen mayores capacidades, opinión que irritaba a algunos atenienses.

> «Una **vida sin examen** no merece ser **vivida.**»

JUZGADO

Las opiniones expresadas por Sócrates le granjearon enemigos políticos en Atenas y, en 400 a.C., fue acusado de corromper las mentes de sus jóvenes discípulos. En el juicio ante unos 500 ciudadanos atenienses fue declarado culpable y sentenciado a muerte. Declinó la posibilidad de exiliarse y actuó como su propio verdugo tomándose una copa de cicuta un año más tarde.

CORRECTO e INCORRECTO

Véanse también: 118–119, 120–121

LA MAYORÍA DE LA GENTE ACEPTARÍA SIN DUDAR QUE CIERTAS COSAS, COM[O] EL GENOCIDIO O LA TORTURA, SON MORALMELTE INCORRECTAS SE TRATE D[E] QUIEN SE TRATE. PERO ¿ES VERDAD? ALGUNOS FILÓSOFOS HAN AFIRMAD[O] QUE TODA MORALIDAD ES RELATIVA, YA QUE DEPENDE DE LA CULTURA; OTROS ASEGURAN QUE EXISTEN AL MENOS ALGUNOS ABSOLUTOS MORALES[.]

Nuestros valores son subjetivos

Mientras Sócrates y otros filósofos morales de la antigua Grecia trataban de identificar las propiedades de la virtud para establecer qué es lo que define la moralidad, apareció otro grupo de pensadores que no creían que hubiera una sola respuesta sencilla a la pregunta de qué es correcto y qué no. Originariamente, los sofistas eran abogados que, a cambio de unos honorarios, empleaban sus habilidades retóricas para defender casos en los tribunales. A menudo, dos clientes enfrentados decían tener razón. A partir de aquí, filósofos sofistas como Protágoras desarrollaron el concepto de que todos los argumentos tienen más de una cara y las ideas de correcto e incorrecto dependen de la percepción de cada cual; la moralidad, por tanto, se basa en valores subjetivos. Lo qu[e] se considera correcto o incorrecto viene determinado en gran parte por la cultura y las tradiciones de un grupo social, por lo que la moralidad de cualquier acto o declaración debe juzgarse en relación a lo que ese grupo considere aceptable.

> A los niños se les enseña a distinguir el bien del mal; así aprenden los valores morales de la sociedad en que viven.

Depende de ti

La idea de que lo bueno o malo de algo depende de las normas de los diferentes grupos sociales se denomina relativismo. Cada cultura tiene sus costumbres, y las actitudes respecto a qué se considera éticamente correcto pueden cambiar con el tiempo. Así, la esclavitud era moralmente aceptable en la antigua Grecia, aunque nos resulte inadmisible

LIBERTAD DE ELECCIÓN

Immanuel Kant adoptó el punto de vista contrario al relativismo y afirmó que la moralidad se basa en la razón, igual que la ciencia, y las leyes morales, como las científicas, no aceptan excepciones: lo que la razón demuestra que es moralmente correcto, ha de serlo siempre. Nos debemos guiar por lo que él llamó imperativo categórico: «Actúa solo según las máximas que también desees como leyes universales».

CADA ARGUMENTO TIENE MÁS DE UNA CARA

SÍ

:odo es relativo...

noy. De igual modo, las opiniones sobre a justificación moral de la pena de muerte están divididas incluso dentro de un mismo país. Para los relativistas, la moralidad no es más que lo que aprueba el individuo, o quizá la mayoría de la gente, en un tiempo y lugar determinados. Visto así, los juicios morales son solo una cuestión de opinión. Cuando tenemos la sensación de que algo está mal, es así para nosotros, pero quizá no para otros. No hay una verdad objetiva.

No, no todo es relativo

El relativismo ha servido para justificar una mayor tolerancia respecto a los puntos de vista y costumbres de otros pueblos, sobre todo en una sociedad multicultural. Pero cuesta aceptar la idea de que no se pueda criticar ninguna afirmación moral para decidir, por ejemplo, si pueden condenarse las prácticas de un sistema penal cruel cuando son aceptables en otras culturas. Así, si la moralidad no es más que una cuestión de opinión cultural, carecemos de base para criticar siquiera la tiranía o el genocidio. Llevado a este extremo, el relativismo nos conduciría a decir que

> **EL HOMBRE ES LA MEDIDA DE TODAS LAS COSAS.**
> **PROTÁGORAS**

«todo vale», pero el caso es que, aunque sociedades e individuos no se pongan de acuerdo sobre muchas cuestiones morales, hay cosas que se consideran incorrectas a un nivel casi universal. La mayoría de la gente piensa que sí existen absolutos morales —como que robar está mal—, los cuales se reflejan en la ética de cada cultura.

↩ Cuestión de opinión
Para el relativismo moral, las opiniones sobre qué está bien y qué está mal difieren de una cultura a otra; no existe, por tanto, una verdad objetiva. No obstante, poca gente estaría de acuerdo con este argumento.

QUIZÁ

NO LO SÉ

NO

¿El fin **JUSTIFICA** los

CUANDO NOS ENFRENTAMOS A UN PROBLEMA ÉTICO, DEBEMOS TENER EN CUENTA NUMEROSOS FACTORES. QUIZÁ DECIDAMOS ACTUAR CONFORME A UN ESTRICTO CÓDIGO MORAL DE LO QUE CONSIDERAMOS CORRECTO O INCORRECTO, INDEPENDIENTEMENTE DE LAS CONSECUENCIAS. OTRA OPCIÓN ES ESTUDIAR LAS CONSECUENCIAS DE NUESTRA DECISIÓN; PERO ¿IMPORTAN ESTAS, MORALMENTE HABLANDO?

> ## DEBE ENTENDERSE QUE UN **PRÍNCIPE** NO PUEDE OBSERVAR TODO AQUELLO QUE SE CONSIDERA **BUENO** EN LOS **HOMBRES.**
> NICOLÁS MAQUIAVELO

El resultado lo es todo

En la Edad Media, fue la religión, más que la filosofía, la que estableció las ideas sobre moralidad. Los textos sagrados del judaísmo, el cristianismo y el islam, considerados la palabra de Dios, contenían leyes que especificaban qué estaba bien y qué mal. En Europa, el poder de la Iglesia fue menguando durante el Renacimiento, y surgieron naciones con líderes laicos que preferían las leyes creadas por el hombre a las dictadas por Dios. Los gobernantes solían contar con consejeros, como el italiano Nicolás Maquiavelo, quien escribió un célebre manual para hombres de gobierno llamado *El príncipe*. En él señala que la moralidad personal convencional no debería influir en las decisiones políticas. Un gobernante debe esta[r] dispuesto a actuar inmoralmente (por ejemplo, usand[o] la violencia o el fraude) por el bien del Estado. Aunqu[e] puede que estuviera describiendo satíricamente lo qu[e] hacen los gobernantes en vez de lo que deberían hace[r] el mensaje de Maquiavelo de que el fin justifica los medios resultó influyente. La moralidad, dijo, debe juzgarse por las consecuencias de los actos, y no por los actos en sí mismos.

> A alguien sin principios morales se le puede describir como «maquiavélico».

Complacer a la mayoría

A partir de la época de Maquiavelo, la influencia de la Iglesia en la organización de la sociedad fue cada vez menor. La filosofía moral ya no se utilizó solamente para justificar las reglas religiosas de la moralidad, sino que los filósofos propusieron modelos alternativos basados en la razón y no en el dogma, y surgieron sistemas éticos apoyados en los resultados y no en absolutos morale[s] El más importante de ellos fue tal vez el del filósofo británico Jeremy Bentham, quien propuso que se puede juzgar la moralidad de una acción sopesando sus consecuencias beneficiosas y perjudiciales. Estas según él, se miden por la cantidad de placer o dolor que proporcionan, y por el número de personas que s[e]

LA REGLA DE ORO

En el núcleo de casi todos los sistemas de filosofía moral y de la mayoría de religiones, radica alguna versión de la «regla de oro», más conocida tal vez como el principio de reciprocidad, según el cual debemos tratar a los demás como queremos que nos traten a nosotros. La regla se aplica a las intenciones y a los resultados de nuestros actos.

> ## LA **MAYOR FELICIDAD** DEL **MAYOR NÚMERO** ES EL **FUNDAMENTO** DE LA **MORAL** Y LA **LEGISLACIÓN.**
> JEREMY BENTHAM

medios?

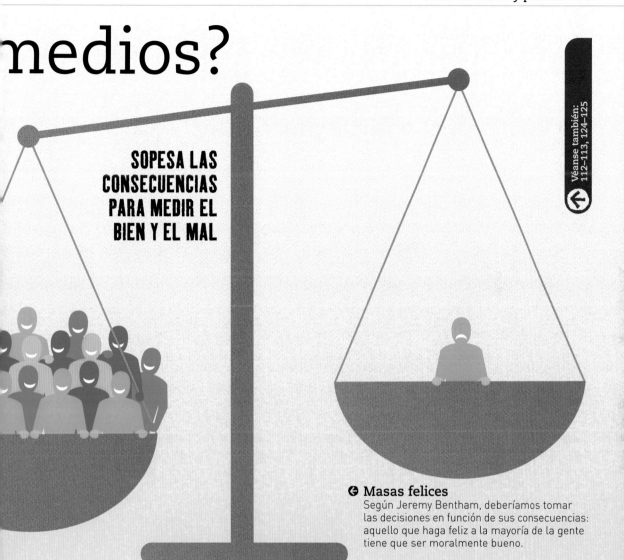

SOPESA LAS
CONSECUENCIAS
PARA MEDIR EL
BIEN Y EL MAL

Véanse también:
112–113, 124–125

⊙ **Masas felices**
Según Jeremy Bentham, deberíamos tomar
las decisiones en función de sus consecuencias:
aquello que haga feliz a la mayoría de la gente
tiene que ser moralmente bueno.

en afectadas; los resultados se podrían calcular casi matemáticamente con lo que él llamó un «cálculo de la felicidad». Se puede considerar moralmente bueno aquello que maximiza el placer y minimiza el dolor: lo que proporciona felicidad al mayor número de personas es la medida del bien y del mal.

Nuestro deber moral

Aun así, algunos filósofos no aceptaron la idea de la moralidad basada en los resultados. Entre ellos destaca Immanuel Kant, quien creía que las cosas son correctas o incorrectas sin que pueda haber

excepciones: la moralidad es una cuestión de deber, así que no habría que juzgarla por las consecuencias, ya sean perjudiciales o beneficiosas. Si, por ejemplo, piensas que mentir está mal, tu deber moral es decir la verdad en cualquier ocasión, afirma Kant. Incluso decir una «mentira piadosa» para proteger a alguien, como mentirle a una banda criminal sobre el paradero de un amigo tuyo, es moralmente incorrecto. Kant subrayó que cada cual tiene libertad para decidir qué considera moralmente correcto, y solo debemos elegir aquellas opciones que estemos preparados para aceptar como normas inquebrantables.

¿Cuál es el mejor tipo de **SOCIEDAD**?

LA FILOSOFÍA MORAL SE OCUPA DE LOS CONCEPTOS DE QUÉ ES CORRECTO Y QUÉ INCORRECTO, O BUENO Y MALO, Y DE LOS CRITERIOS PARA JUZGAR LAS AFIRMACIONES MORALES. EN RELACIÓN CON ESTAS IDEAS ESTÁ SU APLICACIÓN A NUESTRO COMPORTAMIENTO SOCIAL Y, EN PARTICULAR, A CÓMO ORGANIZAMOS NUESTRAS SOCIEDADES: DE ESTO SE TRATA LA FILOSOFÍA POLÍTICA.

> LOS 25 países más ricos del mundo se rigen por democracias representativas.

EL HOMBRE ES UN ANIMAL POLÍTICO POR NATURALEZA.
ARiSTÓTELES

La moral de la vida ciudadana

La filosofía occidental apareció en Grecia al mismo tiempo que la civilización griega se establecía como mayor potencia cultural y política. Los pueblos se asentaron en sociedades centradas en una ciudad-estado o *polis*, y se desarrollaron distintos tipos de gobiernos para organizarlas. En concreto, hubo una *polis*, Atenas, donde los filósofos se centraron en temas de ética y virtud, y luego en la moralidad de la *polis* en sí: su política. El concepto de qué significa llevar una «buena vida» se relacionó no solo con los ciudadanos individuales, sino con la ciudad-estado en su conjunto. Las sociedades civiles como las *polis* requieren una organización para que sus ciudadanos puedan llevar «buenas» vidas, pero también para garantizar que disfruten de justicia y de libertad. La filosofía política se desarrolló para estudiar no solo cómo hay que organizar las sociedades y qué leyes determinan su estructura, sino cómo son gobernadas, o sea, quién hace las leyes y cómo se ejecutan.

Los filósofos mandan

Platón fue uno de los primeros filósofos políticos, pues dio una descripción detallada de lo que consideraba una sociedad ideal en su libro la *República*. Escribió que las personas se agrupan y forman sociedades como las *polis* con el fin de vivir una «buena vida», de acuerdo con el concepto de virtud. Según él, el propósito del Estado es proporcionarles los medios para ello. Ya que los ciudadanos comunes no tienen conocimiento de la forma ideal de virtud, a la que solo se puede acceder por medio del razonamiento filosófico, no se puede esperar que vivan virtuosamente por sí solos. Por eso, decía Platón que el Estado debe ser dirigido por una élite con los conocimientos necesarios (una clase formada por filósofos-reyes), capaz de guiar y educar a sus súbditos. La idea de que las personas comunes no poseen los conocimientos y las capacidades necesarias

⊙ El juego del poder

Aristóteles definió las formas de gobierno en función de quién detenta el poder y para quién se aplica. Las piezas blancas representan lo que él consideró las formas virtuosas, y las negras, las formas pervertidas.

¿QUIÉN MANDA?

ARISTOCRACIA

DEMOCRACIA

para gobernarse persiste hoy en día, incluso en las democracias representativas, donde una clase de políticos profesionales es elegida para representar los puntos de vista del pueblo.

¿Reglas para ti o para el bien común?

Como en casi todos los aspectos de la filosofía, en cuestiones políticas Aristóteles también asumió una postura muy distinta a la de Platón. Analizó y clasificó las formas de gobierno posibles según los criterios de quién gobierna y en nombre de quién lo hace. El Estado lo puede regir un solo gobernante, un grupo selecto o el pueblo en su conjunto. A los sistemas que gobernaban por el bien común, los denominó constituciones «verdaderas»: monarquía, aristocracia y politeia (*véase* derecha), y a los que gobernaban para su propio interés los describió como constituciones «corruptas» o «pervertidas»: tiranía, oligarquía y democracia. Así, para

él, la politeia —gobierno por parte de los ciudadanos para el bien común— era la forma ideal de gobierno, y la democracia —gobierno por parte del pueblo en su propio interés— la menos dañina de las formas corruptas. Hoy día, la mayoría de democracias occidentales parecerían confirmar esta opinión. Pero en el mundo sigue habiendo muchas formas de gobierno «corruptas», y algunas teocracias —gobierno ejercido por cargos religiosos en nombre de Dios— han rechazado el ideal de la democracia representativa.

Véanse también: 120–121, 132–133

DEMOCRACIA

El hecho de que, para Aristóteles, la democracia fuese «corrupta» puede ser desconcertante. Pero se refería a la Atenas clásica, donde solo una clase de hombres podía participar en los procesos políticos. La idea de democracia representativa —descrita por Abraham Lincoln como «gobierno del pueblo, por el pueblo y para el pueblo»— está más cerca de la politeia aristotélica.

TIRANÍA

OLIGARQUÍA

DEMOCRACIA

POLITEIA

¿QUIÉN MANDA?

MONARQUÍA

ARISTOCRACIA

OLIGARQUÍA

DEMOCRACIA

POLITEIA

HANNAH ARENDT

1906–1975

Johanna «Hannah» Arendt creció en Königsberg (entonces parte de Prusia), cerca de la frontera ruso-germana, que fue testigo de los enfrentamientos de la Primera Guerra Mundial. Perdió a su padre con apenas siete años. En la adolescencia desarrolló su pasión por la filosofía, materia que estudió en la década de 1920 en las universidades de Marburg y Heidelberg junto a destacados pensadores como Martin Heidegger y Karl Jaspers.

EL AUGE DE LOS NAZIS

Arendt asistió al auge del partido nacionalsocialista (o nazi) a principios de la década de 1930. Como judía, le prohibieron enseñar en la universidad, y mientras investigaba las técnicas de propaganda nazi, fue arrestada e interrogada por la Gestapo. Temiendo que la encarcelaran, huyó a París en 1933, donde colaboró con grupos de refugiados para ayudar a otros a abandonar Alemania.

HUYENDO DE LA OPRESIÓN

Cuando los alemanes invadieron Francia, enviaron a Arendt a un campo de concentración, pero pudo escapar y se embarcó junto a su marido, Heinrich Blücher, rumbo a EE UU. Allí escribió su primera gran obra, *Los orígenes del totalitarismo* (1951), un estudio de referencia obligada sobre los regímenes dictatoriales nazi y estalinista, que ella experimentó en primera persona.

«Ningún **castigo** ha tenido nunca la suficiente capacidad disuasoria como para **evitar** que se cometan **crímenes**.»

LA CONDICIÓN HUMANA

Arendt obtuvo la nacionalidad estadounidense en 1951; siete años después, publicó *La condición humana*. El libro, que retrocede hasta los filósofos de la antigua Grecia, trata de los ideales clásicos de trabajo y ciudadanía. Ella defendió la participación política personal y la libertad, y atacó la tendencia de la economía a dominar la política en las sociedades modernas.

En 2013 se estrenó la película *Hannah Arendt*, que escenifica las observaciones de Arendt durante el juicio a Adolf Eichmann.

LA BANALIDAD DEL MAL

En 1961, Arendt asistió a parte del juicio al criminal de guerra nazi Adolf Eichmann, uno de los organizadores del genocidio de seis millones de judíos durante la Segunda Guerra Mundial. Su obra de 1963, *Eichmann en Jerusalén*, causó polémica al señalar lo «terroríficamente normal» que parecía Eichmann, y que las atrocidades no las suelen cometer monstruos maléficos, sino gente relativamente común que acata órdenes sin pensar.

¿Qué hace a una sociedad **CIVILIZADA**?

Hobbes tenía buenas razones para desear un líder fuerte, y es que vivió 20 años de guerra civil.

LAS CIVILIZACIONES EVOLUCIONARON A MEDIDA QUE LAS PERSONAS FORMABAN GRUPOS SOCIALES CADA VEZ MAYORES, PRIMERO EN PUEBLOS Y LUEGO EN CIUDADES Y NACIONES. ESAS SOCIEDADES OFRECEN VENTAJAS, COMO LA PROTECCIÓN O LOS MEDIOS PARA DESARROLLAR INDUSTRIAS. PERO QUIZÁ DEBAMOS SACRIFICAR PARTE DE NUESTRAS LIBERTADES PARA DISFRUTAR DE UNA VIDA CIVILIZADA.

El estado de la naturaleza

Es célebre la descripción de Aristóteles del hombre como «animal político», con lo que quería decir que veía natural que queramos vivir en sociedades como las de las *polis*, las ciudades-estado griegas. Filósofos posteriores, sin embargo, quisieron averiguar cómo surgieron dichas sociedades para comprender mejor cómo organizarlas. Thomas Hobbes optó por comparar la vida en una sociedad civilizada con la vida en lo que describió como un «estado de naturaleza». Asumió un punto de vista poco halagüeño de la naturaleza, sobre todo de la humana, y dijo que, si se la dejara a su aire, la gente actuaría solo en su propio interés, «cada cual para sí mismo». En el mundo que planteaba Hobbes, todo el

Véanse también: 128–129

> ## LA CONDICIÓN DEL **HOMBRE** ES UNA CONDICIÓN DE **GUERRA** DE TODOS CONTRA TODOS.
>
> **THOMAS HOBBES**

mundo se enfrentaría entre sí en un perpetuo estado de guerra, y nadie lograría crear prosperidad, por no hablar de perseguir las cuestiones más elevadas de la vida. Para evitar este panorama, la gente se agrupa y cede parte de su libertad para hacer lo que quiera a cambio de la protección de la sociedad civilizada.

El contrato social

Las sociedades civilizadas se constituyen cuando existe este arreglo recíproco o «contrato social» entre los ciudadanos y alguna forma de autoridad soberana (un líder o gobierno), que crea y hace cumplir las leyes para proteger a las personas y permitirles seguir con sus vidas. Según Hobbes, para evitar que la sociedad vuelva a caer en un «estado de naturaleza» anárquico (sin ley), se necesita un líder fuerte, un monarca o soberano protector al que el pueblo otorgue su autoridad. Una generación más tarde, John Locke aceptó el concepto de contrato social, pero su idea del estado de naturaleza era muy distinta de la de Hobbes: para él no se trataba de una anarquía, sino de que las personas se trataran naturalmente con

REVOLUCIÓN

Las ideas de filósofos como Locke y Rousseau influyeron en la política del siglo XVIII, sobre todo en las revoluciones francesa y estadounidense. De la opinión de Rousseau sobre la limitación de la libertad se hizo eco el *Manifiesto comunista* de Karl Marx y Friedrich Engels, quienes instaron a los obreros a unirse en la revolución socialista: «No tenéis nada que perder salvo vuestras cadenas».

respeto, incluso fuera de la sociedad civilizada. De hecho, se comportarían de acuerdo a una «ley de la naturaleza» moral, reconociendo los derechos naturales de los demás al alimento, el agua o la vivienda. Las sociedades civilizadas no se crean para limitar los derechos, sino para garantizarlos, y el contrato social es el medio por el que el pueblo puede designar a un gobierno para que actúe en su nombre como juez imparcial en cualquier conflicto. La autoridad, según Locke, no debería ser ejercida tanto por un líder fuerte como por un gobierno elegido por el pueblo para representarlo.

El poder, para el pueblo

Jean-Jacques Rousseau propuso otro punto de vista sobre el estado de naturaleza, casi completamente opuesto al de Hobbes. Creía que los humanos nacen libres y pueden vivir en armonía unos con otros si se les permite tomar sus propias decisiones. Según él, las sociedades civilizadas no se constituyen para proteger derechos y libertades, sino para proteger la propiedad y, en el fondo, limitar nuestras libertades naturales. En lugar del gobierno representativo que defendía Locke, propuso otorgar el poder a los ciudadanos. En el planteamiento de Rousseau, las leyes derivarían del pueblo en su conjunto (lo que llamó la «voluntad general») y se aplicarían a todos por igual y en pos del beneficio general.

❷ Cadenas

Mientras que Hobbes y Locke atribuyeron a la sociedad un papel protector, Rousseau afirmó que la propiedad privada y otros aspectos de la sociedad han limitado nuestra capacidad de controlar nuestras vidas.

EL HOMBE NACIÓ LIBRE, PERO EN TODAS PARTES VIVE ENCADENADO.
JEAN-JACQUES ROUSSEAU

LA SOCIEDAD CIVILIZADA LIMITA NUESTRA LIBERTAD NATURAL

No se puede ir matando sin razón

Los filósofos se preguntan «¿Qué es la justicia?» desde los tiempos de Sócrates, y se han ofrecido distintas propuestas de cómo organizar la sociedad a fin de garantizar la justicia. Todo tipo de gobierno impone normas a una sociedad, leyes que protejan la seguridad de sus ciudadanos. Por ejemplo, cada sociedad posee leyes que previenen actos como el asesinato y el robo, y la mayoría coincidiríamos en que solo es para negar el derecho a la gente de andar por ahí matando y robando, ya que a todos nos protege de asesinos y ladrones. Pero a menudo no está tan clara la frontera entre la protección y la limitación de derechos y libertades individuales que comporta una ley. Thomas Hobbes, por ejemplo, defendió un gobierno autoritario que protegiera la vida y la propiedad, mientras que, en el otro extremo, para Jean-Jacques Rousseau las leyes las debería determinar el pueblo en beneficio de la sociedad en su conjunto, más como expresión de libertad que de limitación.

LA ÚNICA LIBERTAD QUE MERECE TAL NOMBRE ES LA DE PERSEGUIR NUESTRO PROPIO BIEN A NUESTRA MANERA.

JOHN STUART MILL

el principio de la libertad de expresión nos permite decir lo que queramos si no perjudicamos a nadie.

Libres, dentro de lo razonable

Entre estos extremos, John Stuart Mill estableció los principios del liberalismo británico. La idea de utilitarismo de Jeremy Bentham, que equiparaba la moralidad a la mayor felicidad para la mayoría, influyó a Mill, aunque este vio que aplicarla a la política presentaba problemas prácticos: la felicidad de la mayoría puede vulnerar la de algunos individuos. Corresponde a la sociedad, dijo, educar a las personas para equiparar su felicidad individual al bien común y actuar según el principio

¿Son posibles la LIBERTAD y la JUSTICIA?

PARA QUE UNA SOCIEDAD CIVILIZADA RESULTE VENTAJOSA PARA LAS PERSONAS, TIENE QUE HABER LEYES QUE LAS RIJAN. ESTO SIGNIFICA QUE LOS CIUDADANOS NO SERÁN LIBRES DE HACER LO QUE LES PLAZCA, PERO LAS LEYES PROTEGERÁN SU PROPIEDAD Y SUS DERECHOS BÁSICOS, Y LES BRINDARÁN SEGURIDAD. DICHAS LEYES, SIN EMBARGO, DEBEN SER CONSIDERADAS JUSTAS PARA SER ACEPTADAS.

de «Trata a los demás como quieras que te traten». Él creía que todo el mundo debería tener la libertad de perseguir su propia felicidad, pero que la sociedad ha de imponer una limitación, el «principio del daño»: las personas tienen que ser libres de hacer lo que quieran, mientras no perjudiquen a otros ni limiten su libertad. La única ocasión en que la conducta de una persona concierne al Estado es cuando afecta a la sociedad. Y el gobierno y la ley solo han de interferir en la libertad de esa persona para proteger a la sociedad.

¿Ecuanimidad o legitimidad?

La definición de «justicia» continúa siendo tema de debate. Los filósofos estadounidenses John Rawls y Robert Nozick proponen dos interpretaciones. Para Rawls, la justicia es una cuestión de ecuanimidad: una distribución ecuánime de derechos, recursos y posición en la sociedad. Nos pide que imaginemos cómo estaría repartido todo en una sociedad ideal, pero sin saber qué posición tendríamos en ella. Este «velo de ignorancia» (desconocer nuestra posición) evita que nos influya nuestro propio interés, y así

CONTROLA TU DESTINO

Según Isaiah Berlin, no se trata solo de liberarnos de una interferencia externa, de las «cadenas» que se nos imponen. Esta libertad *de* algo es lo que llamó «libertad negativa», pero también está la «libertad positiva», que procede de nuestro interior y que sentimos cuando superamos cosas de nuestro fuero interno que nos reprimían, lo que nos permite tomar nuestras propias decisiones en la vida.

creamos una sociedad ecuánime para todos. Por su parte, Nozick señala que la justicia es una cuestión de legitimidad: existe cuando las personas disfrutan con derecho de sus posesiones. La propiedad se ha de transferir de una manera justa, y el gobierno solo intervendrá en los casos en que la obtengan personas sin derecho legítimo, sin el consentimiento del propietario, como cuando se roba algo.

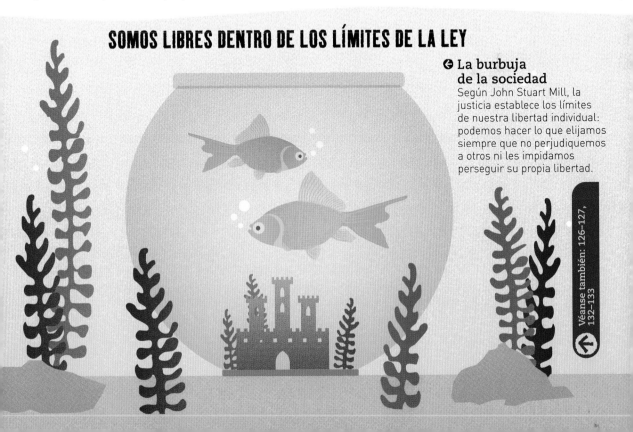

SOMOS LIBRES DENTRO DE LOS LÍMITES DE LA LEY

◐ La burbuja de la sociedad

Según John Stuart Mill, la justicia establece los límites de nuestra libertad individual: podemos hacer lo que elijamos siempre que no perjudiquemos a otros ni les impidamos perseguir su propia libertad.

Véanse también: 126-127, 132-133

No hay **IGUAL**

UNO DE LOS SIGNOS QUE DISTIGUEN A UNA SOCIEDAD CIVILIZADA ES EL RESPETO POR LOS DERECHOS CIUDADANOS. A FINALES DEL SIGLO XVIII, UNA ÉPOCA DE REVOLUCIONES, LOS FILÓSOFOS DEFINIERON LO QUE CONSIDERABAN LOS DERECHOS HUMANOS BÁSICOS, QUE DEBÍAN SER PROTEGIDOS POR LAS LEYES DE LA SOCIEDAD. PERO HASTA MUCHO DESPUÉS NO SE RECONOCIÓ QUE ESTAS DEBÍAN APLICARSE A TODOS POR IGUAL.

LIBERTAD
SEGURIDAD
PROPIEDAD

TODOS SOMOS IGUALES, PERO UNOS SON MÁS IGUALES QUE OTROS

Los derechos del hombre

El objetivo de los movimientos revolucionarios de América y Francia era derrocar a unos gobernantes considerados injustos y opresivos. Fuera estos, los ciudadanos pudieron organizar sus nuevas sociedades desde cero, inspirados por filósofos como John Locke o Jean-Jacques Rousseau. En su idea de cómo gobernar una sociedad era central el reconocimiento de unos derechos fundamentales. La Declaración de Independencia de EE UU, que se hace eco de las ideas de Locke, dice: «Sostenemos como evidentes estas verdades que todos los hombres son creados iguales; que son dotados por su Creador de ciertos derechos inalienables; que entre estos están la vida, la libertad y la búsqueda de la felicidad». En Francia, la *Declaración de los derechos del hombre y del ciudadano* estipuló el principio de que las personas son iguales por naturaleza y ante la ley, y tienen derecho a la libertad, la seguridad y la propiedad. Estos derechos se consideraron el requisito mínimo de una sociedad civilizada.

◔ No es justo

Los hombres adquirieron iguales derechos a la libertad, la seguridad y la propiedad en el siglo XVIII, más no así las mujeres y minorías étnicas. Aún hoy persiste la desigualdad.

DAD de derechos

Los derechos de la mujer

Esas declaraciones determinaron el marco de los derechos que debían consagrarse en la constitución de la sociedad, y ambas consideraban la igualdad como el primer derecho. Pero, aunque se consideren los cimientos de la legislación sobre derechos humanos, el principio de igualdad no llegó muy lejos en la práctica: a los hombres se les atribuyó igualdad de derechos, pero las mujeres quedaron excluidas. Olympe de Gouges respondió a la declaración francesa con su *Declaración de los derechos de la mujer y de la ciudadana*, punto de partida de la batalla por los derechos de las mujeres. Mientras, la *Vindicación de los derechos de la mujer* de Mary Wollstonecraft inspiró un movimiento que exigía derechos para las mujeres, sobre todo en cuanto a educación y participación en los procesos políticos. Este movimiento creció a lo largo del siglo XIX, hasta engendrar el movimiento feminista liderado por Simone de Beauvoir.

Derechos civiles

Las mujeres no fueron las únicas excluidas. Aun después de la abolición de la esclavitud, en muchos países siguió sin considerarse ciudadanos a las personas de

> **Mary wollstonecraft, filósofa y escritora británica, fue la madre de mary shelley, autora de *Frankenstein*.**

> ## PARA EL HOMBRE NEGRO NO HAY MÁS QUE UN DESTINO. Y ES BLANCO.
> FRANTZ FANON

raza negra. La herencia de los viejos imperios también impedía la igualdad en las colonias, sobre todo en África, y filósofos como W. E. B. Du Bois y Frantz Fanon concibieron una filosofía política específicamente afrocaribeña, lo que inspiró una reivindicación de los derechos civiles que contribuyó a la igualdad, dentro y fuera de EE UU. Se publicaron declaraciones de los derechos humanos, y las condenas de regímenes represivos como el *apartheid* sudafricano provocaron cambios. No obstante, muchos países siguen negando igualdad de derechos ante la ley a algunos de sus ciudadanos. Incluso en las democracias occidentales, pese a que, en principio, se reconocen los derechos fundamentales, lo cierto es que a las personas no se las trata con igualdad.

Véanse también: 132–133, 134–135

> ## LA MUJER TIENE DERECHO A SUBIR AL CADALSO; TAMBIÉN DEBE TENERLO A SUBIR A LA TRIBUNA.
> OLYMPE DE GOUGES

DESOBEDIENCIA CIVIL

La lucha por la igualdad ha resultado a menudo violenta, pero la reivindicación de derechos también ha triunfado por la vía pacífica. Las más efectivas, como la campaña de Gandhi contra el gobierno británico en India, se han basado en la idea de desobediencia civil del filósofo del siglo XIX Henry Thoreau: para él, es nuestro derecho, y también nuestro deber, oponernos mediante la protesta pacífica y la no cooperación a las leyes que contravengan a nuestra conciencia.

SIMONE DE BEAUVOIR

1908–1986

Simone-Lucie-Ernestine-Marie-Bertrand de Beauvoir, nacida en París, dio muestras de un talento precoz. Desde muy joven quiso ser escritora, y logró ser aceptada en la prestigiosa École normale supérieure, donde se unió a un círculo de reputados filósofos varones. Su sexo no le impidió labrar su propio camino hasta ejercer una influencia filosófica fundamental sobre el feminismo.

SIMONE Y JEAN-PAUL

Cuando estudiaba filosofía en París, Simone de Beauvoir conoció a Jean-Paul Sartre. Él sacó la mejor nota, seguida muy de cerca por la de ella, en los difíciles exámenes de admisión, que De Beauvoir fue la más joven en aprobar. A pesar de rechazar la proposición de matrimonio de Sartre en 1929, mantuvieron una relación que duró toda su vida. Se revisaban los trabajos y editaron la revista literaria *Les Temps Modernes*.

De Beauvoir empezó El *segundo sexo* en 1946, un año después de que las mujeres francesas pudieran votar en unas elecciones.

«NO SE NACE MUJER, SE LLEGA A SERLO»

El segundo sexo, publicado en 1949, es un estudio de 800 páginas sobre la opresión sufrida por las mujeres a lo largo de la historia. En él, De Beauvoir muestra que casi todos los textos sobre la naturaleza humana están escritos por hombres, y siguen unos claros estándares masculinos que solo definen a la mujer en función de cuánto se acerque o se aleje de dichos modelos.

«La **representación** del mundo, como el mundo en sí, es **obra de los hombres**, quienes lo describen desde su punto de vista, que confunden con la **verdad** absoluta.»

ESTEREOTIPOS FEMENINOS

Según De Beauvoir, los estereotipos negativos de la sociedad, como el que compara a la mujer fuerte con una mantis religiosa, no contribuían al esfuerzo de las mujeres por obtener una posición diferente pero igualitaria. Aunque *El segundo sexo* provocó críticas y engrosó la lista de libros prohibidos por la Iglesia, fue una obra popular que vendió 20000 ejemplares en su primera semana.

NOVELISTA Y ACTIVISTA

Tras trabajar como maestra entre 1930 y 1943, De Beauvoir escribió prolíficamente. Su producción incluye libros de viaje —tras visitar China, Cuba y EE UU— y novelas como las premiadas *Los mandarines* o *La vejez*, que criticaba a la sociedad por su trato a las personas mayores. También hizo campaña por temas como la legalización del aborto o la independencia de Argelia.

¡LA SOCIEDAD TERRENAL ES UN REFLEJO..

¿Qué tiene que

LAS SOCIEDADES CREAN LEYES QUE REFLEJAN LA FILOSOFÍA MORAL DE SU CULTURA, Y QUE TIENEN COMO OBJETIVO GARANTIZAR EL BIENESTAR GENERAL Y PROTEGER LOS DERECHOS DE LOS INDIVIDUOS. SIN EMBARGO, MUCHAS RELIGIONES CREEN QUE LA MORALIDAD VIENE DICTADA POR LAS LEYES DE DIOS, Y QUE LAS NUESTRAS DEBEN DERIVARSE DE DICHOS MANDAMIENTOS.

Leyes y mandamientos

La filosofía moral y política tuvo sus orígenes en la antigua Grecia, donde se consideró con independencia de la religión, pues los dioses poco tenían que ver con las normas morales o las leyes que rigieran la sociedad. Pero con la llegada del cristianismo la religión volvió a tener gran impacto en las leyes de las sociedades de Europa; más tarde, el islam ejerció una influencia similar en la sociedad de Oriente Medio. Estas religiones establecían que la moralidad no se juzga mediante la razón, sino que la dictan los mandamientos o leyes inviolables

> **el cristianismo es la mayor religión del mundo, seguida por el islam y el hinduismo.**

de Dios. Mientras que el islam fijaba más explícitamente la estructura de la sociedad, los filósofos cristianos quisieron adecuar las leyes divinas sobre la moralidad a las leyes concebidas por los hombres para garantizar las ventajas de una sociedad civilizada. Esto adquirió relevancia en la Edad Media, cuando la Iglesia se convirtió en potencia política: se creía que monarcas y papas tenían el derecho divino a gobernar

La ciudad de Dios

Uno de los primeros filósofos cristianos fue san Agustín de Hipona, que estudió filosofía griega antes de convertirse al cristianismo. Recurriendo a la idea platónica de que el mundo en que vivimos, el de las apariencias, es un mero reflejo de un mundo ideal (el de las formas), sostuvo que la sociedad terrenal es un reflejo del reino de Dios. Nuestros estados y ciudades son imperfectos y están gobernados por leyes humanas imperfectas, pero siguen

> ## LA **RAZÓN** EN EL HOMBRE SE OBSERVA COMO **DIOS** EN EL MUNDO.
> **SANTO TOMÁS DE AQUINO**

..DEL REINO DE DIOS?

ver **DIOS**?

el modelo de una «ciudad de Dios» ideal. Dios nos ha dado el poder de la razón para acceder al conocimiento de las leyes de la ciudad de Dios, y la libertad para utilizarlas como modelo para crear las nuestras. Más adelante, santo Tomás de Aquino sugeriría que las leyes eternas de Dios incluyen lo que él denominó la «ley natural», basada en la moral, la virtud y los valores inherentes al ser humano. Esta constituye la base de las leyes de la sociedad terrenal, pero es incompleta, ya que solo es una parte de la ley de Dios.

«Dios ha muerto»

Después de la Edad Media, la Iglesia perdió buena parte de su control político. Se derrocó a gobernantes cuyo poder había sido otorgado por un derecho divino y se establecieron estados independientes de la Iglesia. En este proceso, se cuestionó la autoridad de las leyes dictadas por Dios, que fue reemplazada por sistemas de gobierno basados en la funcionalidad y la moralidad humana. La filosofía política volvió a separarse de la religión, de la cual se declararon abiertamente contrarios varios filósofos en el siglo XIX. Karl Marx la consideraba «el opio del pueblo», una herramienta de control y opresión para

> LA RELIGIÓN ES EL **SUSPIRO** DE LA CRIATURA **OPRIMIDA**, EL CORAZÓN DE UN MUNDO DESCORAZONADO Y EL **ALMA** DE UNA CONDICIÓN DESALMADA.
>
> **KARL MARX**

impedir el progreso político. En el cambio de siglo, Friedrich Nietzsche señaló la improcedencia de la filosofía moral judeocristiana para el mundo moderno afirmando que «Dios ha muerto». Con todo, aún hoy existen sociedades cuyas leyes se derivan de leyes religiosas (teocracias), y hasta hay democracias laicas que se erigen sobre los principios heredados de su pasado religioso.

Véanse también: 20–21, 112–113

¿UNA GUERRA JUSTA?

El cristianismo y el islam son religiones amantes de la paz y sus escrituras prohíben matar y luchar. Pero ambas fes reconocen la necesidad de defender su doctrina, así como la existencia de una llamada guerra justa. Filósofos católicos y musulmanes llegaron a conclusiones similares sobre los requisitos para que una guerra sea justa: intenciones lícitas, una causa justa, una autoridad apropiada y que sea un último recurso.

¿Jugamos a ser **DIOS**?

LOS AVANCES DE LA CIENCIA HAN AUMENTADO EL CONOCIMIENTO DEL MUNDO Y HAN TRAÍDO CONSIGO MUCHAS VENTAJAS. HOY SOMOS MÁS CAPACES QUE NUNCA DE CONTROLAR EL MUNDO NATURAL PARA NUESTRO BENEFICIO, PERO ESOS BENEFICIOS TIENEN UN COSTE Y CONVIENE TENER EN CUENTA LAS IMPLICACIONES MORALES DEL PROGRESO CIENTÍFICO.

La moral y la ciencia

El interrogante sobre qué es moralmente correcto y qué no está íntimamente relacionado con la política y el derecho, pero la conexión de la filosofía moral con la ciencia no resulta tan evidente. Se puede pensar que la investigación y los hallazgos científicos no son morales ni inmorales, sino que es el uso que hacemos de ellos lo que determina si son moralmente buenos o malos. Así, la física moderna explica cosas como la relación entre energía y materia, conocimiento que nos ha permitido crear centrales y armas nucleares. Pero hasta la pura investigación científica implica algunas decisiones éticas, como si es moralmente correcto invertir grandes sumas de dinero en la exploración espacial cuando buena parte de la población mundial vive en una pobreza extrema. A veces, cuando científicos e ingenieros encuentran usos para sus descubrimientos que nos otorgan un mayor control del mundo —por ejemplo, el cultivo de semillas modificadas genéticamente para combatir hambrunas—, estos se consideran «antinaturales», y nuestra manipulación de los fenómenos naturales, como «jugar a ser Dios».

El médico árabe Al-Ruhawi escribió en el siglo IX el primer libro conocido sobre ética médica.

Decisiones de vida o muerte

En medicina, por ejemplo, a menudo hay que tomar decisiones de vida o muerte que plantean dilemas éticos. Así, la eutanasia u «homicidio piadoso» entra en conflicto con los mandamientos religiosos y con la legislación, aunque en ciertos casos pueda estar justificado poner fin al sufrimiento de

¿ES MORALMENTE CORRECTO INTERFERIR EN LA NATURALEZA?

EL MUNDO NO PERTENECE A LOS HUMANOS.

ARNE NÆSS

una persona. Quienes se oponen, con el argumento de «jugar a ser Dios», dicen que en cualquier caso es incorrecto que una persona le quite la vida a otra. Pero entonces surge la pregunta de si es correcto moralmente dejar morir a alguien con dolor, pudiéndose poner fin a este. Este tipo de dilema ético se vuelve cada vez más común, a medida que la ciencia médica nos proporciona los medios para prolongar nuestra vida, como en el caso de las máquinas capaces de mantenernos vivos. Muchas veces, médicos y familiares deben decidir si desconectar o no el dispositivo que mantiene con vida a un paciente. Y podría afirmarse que usar una máquina con ese propósito también es «jugar a ser Dios».

Moldear el entorno

Hay otras ciencias que presentan problemas éticos. Mientras que la medicina nos permite prolongar la vida o ponerle fin sin sufrimiento, la ingeniería genética nos da la capacidad de modificar

El primer mamífero clonado, la oveja Dolly, nació en Reino Unido en 1996.

y hasta de crear vida. Las ventajas para la humanidad de hallar una fuente fiable de alimentos y desarrollar medios para combatir enfermedades —por ejemplo, mediante experimentos con animales— proporcionan cierta justificación moral. Asimismo, la tecnología nos ha permitido crear un entorno seguro y confortable, pero cada vez más científicos y filósofos califican de incorrectos algunos de nuestros actos, no solo por quebrantar alguna ley moral; por sus consecuencias, no intencionadas, para el ambiente. A pesar de que la intención sea buena (mejorar la vida de la gente), estos avances tecnológicos afectan a nuestro entorno y pueden resultar destructivos a largo plazo. El filósofo ambientalista noruego Arne Næss fue de los primeros en sugerir que deberíamos vivir como un elemento más del mundo natural y «pensar como una montaña»: no tener en cuenta solo los perjuicios y beneficios para las personas o incluso para los demás animales, sino los intereses a largo plazo del medio ambiente en su conjunto.

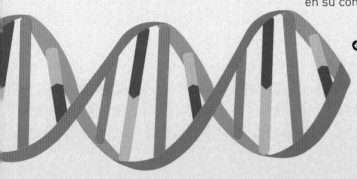

◑ A vueltas con el ADN

La ciencia ha transformado nuestro estilo de vida: podemos diseñar bebés en probetas, clonar animales y curar enfermedades. Pero ¿en qué momento deja de ser ético todo ello? Juguetear con algo tan impredecible como un organismo viviente podría conllevar cambios desastrosos e irreversibles para el entorno natural.

¿Qué es el ARTE?

LOS FILÓSOFOS HAN ABORDADO EL TEMA DE QUÉ SE CONSIDERA HERMOSO O ARTÍSTICO, ES DECIR, LA ESTÉTICA, COMO LO HAN HECHO CON LA MORALIDAD. ALGUNOS HAN INTENTADO IDENTIFICAR LOS ATRIBUTOS DE LA BELLEZA Y EL ARTE, COMO HICIERAN CON LA VIRTUD; OTROS HAN SEÑALADO QUE SU VALORACIÓN DEPENDE DE LA CULTURA O QUE ES TAN SOLO CUESTIÓN DE GUSTO.

> **LA BELLEZA DE ESTILO, LA ARMONÍA, LA GRACIA Y EL BUEN RITMO DEPENDEN DE LA SENCILLEZ.**
> **PLATÓN**

¿Qué hace que algo sea hermoso?

Una de las preguntas aparentemente sencillas que hizo Sócrates fue: «¿Qué es la belleza?». Más allá de encontrar una definición, quiso intentar saber si hay alguna característica concreta que hace que algo sea bello, algo inherente a todas las cosas que son bellas. Su discípulo Platón dijo que existe la belleza ideal, en un mundo ideal de formas perfectas (separado del mundo en que vivimos), y que evaluamos lo que consideramos bello en función de ese ideal. Aristóteles, por su parte, creía que nuestras ideas de

> una obra de vincent van gogh se vendió por 150 millones de dólares en 1990. En vida, el pintor solo vendió un cuadro.

lo que constituye la belleza derivan de nuestra experiencia de las distintas cosas que encontramos hermosas. Pero las personas tienen ideas diferentes sobre qué es bello, por lo que la belleza quizá no sea una cualidad inherente a los objetos, sino que esté «en el ojo del espectador»; acaso sea una cuestión de gusto u opinión. Para los filósofos relativistas, las ideas de belleza vienen dadas por la cultura y la tradición. Por ejemplo, a la mayoría de la gente el paisaje de su tierra natal le parece bello, con independencia de qué paisaje sea.

Distintas épocas y lugares

Vemos belleza en cosas hechas por seres humanos, como obras de arte, y también en el mundo natural. Platón, que tenía poco tiempo para dedicarle al arte, lo consideraba una débil imitación de la forma ideal de belleza. Aristóteles, por otro lado, lo veía como un reflejo de la naturaleza y de las muestras de belleza que hay en ella, fuente de saber y de placer. Otros creyeron que el arte es producto de la cultura y la tradición, y que lo que se considera artísticamente bello o significativo varía en cada época y lugar. Por ejemplo, la Grecia clásica (la de Platón y Aristóteles) produjo grandes obras de poesía, teatro, música, arquitectura y arte que mostraban características comunes, en especial, proporción, simetría, equilibrio y armonía. Estas reflejaban no solo la naturaleza, sino una tradición cultural que valoraba el pensamiento racional, las matemáticas y la lógica, y el orden social. Pero otras culturas reflejan interpretaciones diferentes del mundo natural, con expresiones artísticas de estilos muy diversos y conceptos distintos de lo que constituye el valor de una obra de arte.

¿SOLO UN NOMBRE?

Si un cuadro de un artista famoso, considerado una de sus mejores obras, resulta ser falso u obra de un pintor menor, su valor económico se desploma y ya no se considera tan bueno. El cuadro es el mismo, solo ha cambiado la «etiqueta» que le adjudicamos, pero esto parece imponerse a otros criterios para poder considerarlo valioso.

¿Una estimación objetiva?

Los artistas de épocas recientes han desafiado las ideas convencionales de qué es el arte. A veces, al público lo desconcierta la obra de un artista de vanguardia, y se pregunta si eso es arte realmente. Un punto de vista tradicional es que el arte es algo realizado por alguien para comunicar una idea o emoción; pero rastrear dicha intención puede influir en nuestra opinión sobre una obra. Según Susan Sontag, escritora y filósofa, una obra de arte se debería evaluar por sus propios méritos, sin considerar la intención del artista. Una forma alternativa de definir «arte» es por el valor que le adjudiquen los

considerados expertos en el sector (véase «Solo un nombre?», p. 144). Sería una simple cuestión de opinión o de gusto. En cuyo caso, puede que no exista una forma objetiva de evaluar una obra de arte.

> NO ES NECESARIO CONOCER LA **INTENCIÓN** ÍNTIMA DEL ARTISTA. LA **OBRA** LO DICE TODO.
> SUSAN SONTAG

Véanse también: 20–21, 124–125

¿CÓMO JUZGAMOS EL ARTE? ¿ESTÁ LA BELLEZA EN EL OJO DEL ESPECTADOR?

⬆ ¿Te gusta lo que ves?
Los filósofos han intentado determinar si una obra de arte es bella por derecho propio o si es nuestra experiencia individual de esa obra lo que la hace bella.

CRIMEN Y CASTIGO

Lo que la sociedad considera moralmente correcto o incorrecto se refleja en sus leyes, y la justicia se aplica cuando se violan estas. La sociedad ha de decidir la sentencia adecuada y si esta es para castigar, para disuadir o para proteger al ciudadano. Además, debe evaluar la moralidad de sentencias como la pena de muerte.

GABINETES DE EXPERTOS

Las leyes que gobiernan las sociedades democráticas están elaboradas por políticos elegidos para representar al pueblo. Pero estos no son versados en todo, y para emitir juicios con conocimiento de causa, disponen de consejeros. Los gabinetes de expertos, grupos de consejeros, valoran la ética y la viabilidad de una política.

Filosofía moral y política
APLICADA

EXPERIMENTOS CON ANIMALES

Los científicos buscan sin parar tratamientos para enfermedades como el cáncer. Algunos sostienen que los experimentos con animales garantizan la seguridad de los medicamentos, y que están justificados por beneficiar a los humanos. Pero los defensores de los animales dicen que son inmorales y que hay alternativas.

DISTRIBUCIÓN DE LA RIQUEZA

La política económica de un gobierno debe garantizar la prosperidad de su Estado. Con sus sistemas de impuestos y asistencia social, el gobierno decide además cómo repartir los recursos del país (las contribuciones y el derecho a subsidios de sus ciudadanos). A menudo debe buscar el equilibrio entre crear riqueza y asegurar su distribución justa.

Los directores de empresa deben tomar decisiones complicadas. Su mayor preocupación es garantizar el éxito de su negocio, y ganar dinero para la empresa y sus accionistas. Pero también deben ofrecer al cliente un buen producto o servicio a un precio justo, sin olvidar el derecho de sus empleados a un sueldo y unas condiciones de trabajo adecuadas.

CUESTIÓN DE EQUILIBRIO

DERECHOS HUMANOS

Los derechos de los ciudadanos constan en la constitución de muchos países, aunque en 1948 las Naciones Unidas adoptaron una Declaración de Derechos Humanos. Desde entonces la han suscrito la mayoría de países y hoy es una legislación internacional, si bien se va ampliando a medida que se reconocen más derechos.

Quizá sea más evidente la importancia de la filosofía moral y política para el mundo cotidiano que la de cualquier otra rama filosófica. Tomamos decisiones que implican la noción de correcto e incorrecto en todas las facetas de la vida, desde los veredictos de los tribunales hasta las elecciones de nuestra vida personal.

MANTENER LA PAZ

La mayoría de países hacen parte de organizaciones como las Naciones Unidas, donde se delibera sobre las relaciones globales, se intenta resolver conflictos y se decide sobre cuestiones como los crímenes de guerra. Se pueden organizar fuerzas de paz, pero a menudo se plantea si es correcto interferir en los asuntos internos de un país.

LA GUERRA CONTRA EL TERROR

En los últimos años, gobiernos de todo el mundo han respondido a actos terroristas incrementando la seguridad. En aeropuertos y espacios públicos, hay más restricciones y vigilancia. Pero, con cámaras por todas partes y la supervisión de nuestra actividad en Internet, muchos se preguntan si la pérdida de privacidad es proporcional a la amenaza.

Biografías

San Agustín de Hipona (354–430)
Creció como cristiano en la actual Argelia, pero sus estudios de filosofía en Cartago le causaron insatisfacción respecto a la religión. Más tarde se convertiría otra vez al cristianismo y desarrollaría su filosofía (basada en el mundo de las formas de Platón) de la que la sociedad terrenal es un reflejo imperfecto del reino de Dios. Tras un tiempo en Italia, regresó a África y se convirtió en obispo de Hipona.

Anaximandro (*c.*610–*c.*546 a.C.)
Nacido en Mileto, en sus teorías influyeron tanto la tradición mítica de su tierra como el pensador Tales. También se interesó por la astronomía, la geografía y la biología, y fue el primer griego de la Antigüedad que trazó un mapa del mundo conocido; ideó una teoría según la cual las personas evolucionaron a partir de los peces.

Anaxímenes (*c.*585–*c.*528 a.C.)
Igual que Tales y su maestro Anaximandro, Anaxímenes era de Mileto, en la actual Turquía. Es reconocido por su propuesta de que todo se compone fundamentalmente de aire. Según él, a medida que este se densifica, se convierte en viento, luego en nube, luego en agua y luego en barro y piedras.

San Anselmo (1033–1109)
San Anselmo nació en Aosta, en los Alpes italianos. A los 27 años ingresó en la abadía benedictina de Bec, en Normandía (Francia). En 1078 fue nombrado abad, y entre 1093 y 1109 detentó el cargo de arzobispo de Canterbury en Inglaterra. Anselmo es conocido por su argumento ontológico de la existencia de Dios.

Hannah Arendt (1906–1975) *Véanse* pp. 130–131

Aristóteles (384–322 a.C.) *Véanse* pp. 96–97

Avicena (Ibn Sina) (*c.*980–1037)
Nacido cerca de Bukhara, en el actual Uzbekistán, Avicena fue un importante filósofo islámico de la Edad Media. Mucho antes que René Descartes, ya se preguntó si nuestra mente (o alma) está separada de nuestro cuerpo. Hizo grandes contribuciones a la ciencia, sobre todo a la medicina.

A. J. Ayer (1910–1989)
El libro del filósofo británico Alfred Jules Ayer *Lenguaje, verdad y lógica* (1936) introdujo el positivismo lógico: la idea de que una afirmación solo tiene significado si se puede demostrar, mediante la experiencia, que es verdadera o falsa. Las normas morales, dijo, carecen de significado y solo expresan emociones.

Francis Bacon (1561–1626)
Francis Bacon nació en Londres y estudió en el Trinity College de Cambridge y en Gray's Inn. Es famoso por su filosofía de la ciencia, y se le ha calificado de creador del empirismo. En 1618 se convirtió en canciller y en 1621 fue nombrado vizconde de Saint Albans, antes de pasar una breve temporada en la cárcel por aceptar sobornos.

Simone de Beauvoir (1908–1986) *Véanse* pp. 138–139

Jeremy Bentham (1748–1832)
Este filósofo británico, uno de los fundadores del utilitarismo moderno, es reconocido por la teoría que defiende la mayor felicidad para la mayoría. Fue un niño prodigio que inició estudios de derecho en Oxford a los doce años. Como reformador social, luchó por la descriminalización de la homosexualidad, creía en la igualdad de sexos y defendió los derechos de los animales.

Henri Bergson (1859–1941)
Originario de Francia, era de madre británica y padre polaco, ambos de ascendencia judía. Estudió en París y, aunque destacó en matemáticas y ciencia tanto como en arte, decidió hacer carrera en filosofía. Se le conoce por su trabajo sobre el concepto del tiempo como se experimenta en la práctica (la «duración» o tiempo vivido y, en 1927, ganó el premio Nobel de literatura.

George Berkeley (1685–1753)
Obispo anglicano y empirista, estudió en el Trinity College de Dublín, donde, influido por los textos de John Locke y René Descartes, escribió sus obras más conocidas. Llevó el empirismo al extremo al afirmar que no existe nada material: lo único de cuya existencia podemos estar seguros es de las ideas y las mentes que las perciben.

Isaiah Berlin (1909–1997)
Nació en el seno de una familia judía en Riga, en la actual Letonia. Pasó la primera parte de su vida en Rusia pero, debido al auge antisemita, su familia emigró pronto a Reino Unido. A Berlin se le conoce ante todo por su filosofía política, que afirma que somos libres de tomar nuestras propias decisiones y que la libertad más elevada procede del interior. En 1957 fue nombrado caballero.

Albert Camus (1913–1960)
Nacido en la Argelia francesa, Albert Camus estudió en la Universidad de Argel y recibió la influencia de las obras de Søren Kierkegaard y Friedrich Nietzsche. Luego se mudó a Francia, donde trabajó como periodista político y escribió ficción, teatro y ensayo. Su filosofía era claramente pesimista: creía que nuestra existencia no tiene ningún propósito y que habría que limitarse a aceptar la futilidad de la vida. En 1957 ganó el premio Nobel de literatura. Murió en un accidente de automóvil solo tres años después.

Confucio (Kong Fuzi) (551–479 a.C.)
Este pensador y educador fue un aristócrata chino, célebre por sus observaciones sobre la sociedad. A los quince años, decidió dedicar su vida a la enseñanza: La filosofía social y política que desarrolló se suele considerar la base del subsiguiente pensamiento chino.

Demócrito (c. 460–c. 371 a.C.)

Este filósofo de la antigua Grecia nació en Tracia y, junto con su maestro Leucipo, concibió la teoría del atomismo, según la cual todo se compone de unas partículas minúsculas e inmutables. Pese a ser un hombre modesto que vivía para su trabajo, ganó fama por su habilidad para predecir cambios en el clima. Se le conocía como «el filósofo que ríe» por su inclinación a reírse de la estupidez humana.

René Descartes (1596–1650) Véanse pp. 72–73

John Dewey (1859–1952)

Dewey fue una figura clave del pragmatismo norteamericano. Gran erudito, estudió en la Universidad de Vermont antes de dar clases en diversas universidades destacadas. Escribió de manera profusa sobre varios temas y fundó el Colegio Laboratorio de la Universidad de Chicago, que aplica su filosofía de aprender a través de la práctica.

W. E. B. Du Bois (1868–1963)

William Edward Burghardt Du Bois fue el primer afroamericano que se doctoró en Harvard. Además de ser profesor de historia, sociología y economía en la Universidad de Atlanta, fue un prolífico autor y figura clave del movimiento por los derechos civiles gracias a su lucha por la igualdad de las personas negras en un mundo gobernado por blancos.

Empédocles (c. 490–c. 430 a.C.)

La filosofía de este pensador griego se basa en la convicción de que existen cuatro «elementos» de la materia: tierra, aire, fuego y agua; todo, incluidos los humanos, ha sido creado a partir de dichos elementos. Fue seguidor de las ideas de Pitágoras y partidario de la doctrina de la reencarnación, y seguía una dieta vegetariana.

Epicuro (341–270 a.C.)

Epicuro fue un filósofo de la antigua Grecia. Creía que, ya que muertos no experimentamos placer ni dolor, es nuestro deber maximizar nuestra felicidad antes de morir. Su escuela, ubicada en el jardín de su casa, contaba con una asistencia modesta pero muy fiel, y fue la primera en admitir a mujeres por norma y no como excepción.

Frantz Fanon (1925–1961)

Nacido en Martinica, Fanon estudió medicina y psiquiatría en Francia. Su filosofía resultó influyente en el campo de los estudios postcoloniales, y escribió sobre violencia, corrupción y control social. Murió a los 36 años y su último libro, Los condenados de la tierra, se publicó póstumamente con un prefacio de Jean-Paul Sartre.

Ludwig Feuerbach (1804–1872)

Fue un filósofo y antropólogo alemán. Abandonó la teología para estudiar con Georg Hegel en la Universidad de Berlín, aunque acabaría rechazando el punto de vista hegeliano. Feuerbach era materialista y muchos de sus textos ofrecen un análisis crítico de la religión. Es famosa su negación de la existencia de Dios salvo como objeto idealizado de la conciencia humana.

Paul Feyerabend (1924–1994)

Este filósofo de la ciencia nació en Viena (Austria). Tras los estudios secundarios, fue llamado a filas, y en la Segunda Guerra Mundial fue condecorado con la Cruz de Hierro. Después de la guerra escribió teatro un tiempo; de regreso en Viena para estudiar, recibió la influencia de Karl Popper. A Feyerabend se le conoce por su conclusión de que el «método científico» no existe, pues los métodos que emplea la ciencia se modifican sin parar.

Gottlob Frege (1848–1925)

Este matemático nacido en Alemania transformó la disciplina de la lógica filosófica, la cual había cambiado poco desde tiempos de Aristóteles. Aunque también estudió física y química e hizo contribuciones a la filosofía del lenguaje, Frege se dedicó toda la vida a enseñar matemáticas y lógica en la Universidad de Jena.

Siddharta Gautama (Buda) (c. 563–c. 483 a.C.)

Hijo de reyes nacido en el actual Nepal, al aventurarse por primera vez fuera del palacio quedó impactado por el sufrimiento humano que vio, así que buscó modos para remediarlo. Por medio de la meditación, terminó por alcanzar la iluminación y se convirtió en Buda. El budismo se basa en sus enseñanzas.

Edmund Gettier (1927–2021)

Profesor y epistemólogo estadounidense, durante diez años impartió clases en la Universidad Estatal de Wayne, en Michigan, antes de trasladarse a la de Massachusetts, donde es profesor emérito. En 1963 publicó un artículo que le hizo célebre, «¿Es conocimiento la creencia verdadera justificada?».

Olympe de Gouges (1748–1793)

Nacida como Marie Gouzes en el sur de Francia, se reinventó a sí misma cuando se trasladó al París prerrevolucionario con el objetivo de ser una escritora reconocida. Con una formación autodidacta, escribió teatro, novela y panfletos, y luchó con vehemencia por los derechos de las mujeres y en contra de la esclavitud. La defensa de estas ideas le valió el arresto, la condena y la ejecución en la guillotina.

Georg Hegel (1770–1831)

Nació en Stuttgart (Alemania) y estudió teología en Tubinga. Luego se decantó por la filosofía y dio clases en la Universidad de Jena. Su sistema filosófico abarca historia, pensamiento y realidad. Obtuvo la cátedra de filosofía en Heidelberg y, más tarde, en Berlín. Murió en la cúspide de la fama.

Martin Heidegger (1889–1976)

Nacido en Alemania, Heidegger fue nombrado rector de la Universidad de Friburgo en la década de 1930. Se unió al partido nazi, por lo que se le prohibió ejercer como docente tras la guerra. En su obra más conocida, El ser y el tiempo, escribió que no solo experimentamos el tiempo, sino que nuestro ser es tiempo.

Heráclito (*c.*536–*c.*470 a.C.)

Heráclito nació en Éfeso, en la antigua Grecia. Creía que el universo está en constante cambio, y sus ideas influyeron más tarde en la obra de Platón. De carácter huraño, se fue a vivir a las montañas para huir de la corrupción de la sociedad. Cuando contrajo hidropesía, trató de curarse enterrándose hasta el cuello en estiércol de vaca, pero no funcionó y murió de deshidratación.

Hipatia (*c.*355–415)

Esta filósofa egipcia nacida en Alejandría fue una destacada astrónoma y matemática de su época. Sus ideas filosóficas giraban en torno a la creencia en un ser divino, «el Uno», origen último de toda la realidad. Fue acusada de paganismo por cristianos y judíos, y murió asesinada por cristianos zelotes.

Thomas Hobbes (1588–1679) *Véanse* pp. 80-81

David Hume (1711–1776) *Véanse* pp. 22-23

Edmund Husserl (1859–1938)

Nacido en Moravia (actual República Checa), estudió astronomía y matemáticas antes de decantarse por la filosofía. Se acabó convirtiendo en profesor en Friburgo (Alemania), pero el régimen nazi suspendió su labor docente por sus antecedentes judíos. Husserl fundó la fenomenología o estudio de la experiencia.

William James (1842–1910)

Nació en el seno de una acaudalada e influente familia de Nueva York. Su padre era filósofo, y su hermano, Henry, se convirtió en un célebre novelista. Se graduó como médico en Harvard (aunque no llegó a ejercer) y continuó enseñando medicina, psicología y filosofía. Como pragmático, señaló que hay que aceptar las creencias mientras sean de utilidad. También estudió la conciencia, que describió como un proceso en continuo cambio.

Jenófanes (*c.*560–*c.*478 a.C.)

Este poeta y pensador religioso nacido en Colofón, en la antigua Grecia, llevó una vida nómada. Expresó su filosofía en su poesía, y fue célebre por criticar la inmoralidad de los dioses griegos. Se le atribuyen también innovadoras reflexiones sobre la naturaleza del conocimiento. Aparece en textos de Platón y de Aristóteles.

Immanuel Kant (1724–1804) *Véanse* pp. 30–31

Søren Kierkegaard (1813–1855)

Nacido en Dinamarca en una adinerada familia, su cuantiosa herencia le permitió dedicarse de forma exclusiva a la filosofía. Sus creencias filosóficas reflejan su talante melancólico: somos libres para determinar nuestra vida, pero esta libertad no nos aportará felicidad necesariamente. Sobre esta base, optó por no casarse con su prometida y murió en soledad.

Thomas Kuhn (1922–1996)

Tras doctorarse en física por Harvard, este filosofo estadounidense siguió estudiando filosofía de la ciencia. Su teoría más conocida afirma que los campos científicos no avanzan solo linealmente, sino que atraviesan periódicamente «cambios de paradigma» (cuando un descubrimiento modifica absolutamente el pensamiento).

Gottfried Leibniz (1646–1716)

Filósofo y matemático alemán, Leibniz es famoso por su obra sobre metafísica y lógica. Hizo carrera como consejero y diplomático, entre otras cosas, y estudió filosofía, derecho, geología, física e ingeniería en su tiempo libre. Además, independientemente de Newton, descubrió el cálculo, aunque en vida no se le reconoció este logro.

John Locke (1632–1704)

Nació en Inglaterra, hijo de un abogado rural. Estudió medicina en la Universidad de Oxford, donde más tarde sería docente. La obra de René Descartes fue la que llevó a Locke a dedicarse a la filosofía. Fue el primer gran empirista inglés, famoso por su empeño en determinar los límites del conocimiento humano, así como por su obra en filosofía política.

Nicolás Maquiavelo (1469–1527)

Político y diplomático italiano, pasó toda su vida en Florencia. Más tarde se dedicó a escribir sobre política y se le considera el fundador de las ciencias políticas modernas. «Maquiavélico» es un adjetivo peyorativo muy utilizado para describir a políticos sin escrúpulos como aquellos de los que este autor habló en su obra más famosa, *El príncipe*, que se presenta como un manual para que los príncipes sepan cómo gobernar en su propio interés.

Karl Marx (1818–1883)

Karl Marx fue un economista y filósofo cuya obra tuvo un impacto radical en la historia del siglo xx. En 1843 conoció al que sería su colaborador durante toda la vida, Friedrich Engels, con quien publicó el *Manifiesto comunista*. Marx creía que el conflicto entre ricos y pobres constituía el núcleo de los problemas de la sociedad, y que la propiedad debía pertenecer a comunidades, no a individuos.

John Stuart Mill (1806–1873)

Nacido en Londres, trabajó tres décadas para la Compañía de las Indias Orientales, escribiendo en su tiempo libre. Con el tiempo adoptaría el enfoque utilitarista de su padre, James Mill, filósofo y economista, y de Jeremy Bentham. Su esposa, Harriet Taylor, reforzó su convicción respecto a la igualdad para las mujeres y le ayudó a escribir *Sobre la libertad*, dedicado a ella.

G. E. Moore (1873–1958)

Este filósofo británico estudió en la Universidad de Cambridge, donde más tarde impartiría clases junto con Bertrand Russell y Ludwig Wittgenstein (en la denominada «edad de oro» de la filosofía de Cambridge). Se le conoce por defender el concepto de sentido común y por su contribución a la ética, la epistemología y la metafísica.

Arne Næss (1912–2009)

Nacido en Oslo (Noruega), se doctoró en filosofía en la universidad de dicha ciudad. Fue una influyente figura del movimiento ambientalista, en el que desarrolló el concepto de «ecología profunda»: la convicción de que todo en la naturaleza importa (no solo lo que afecta a los humanos) y merece igual consideración.

Friedrich Nietzsche (1844–1900)

Friedrich Nietzsche, hijo de un pastor luterano, nació en Alemania. Es famoso su desafío al cristianismo y su afirmación de que la religión y el temor al castigo divino nos impiden realizar nuestro verdadero potencial. Con solo 25 años, ya era profesor, actividad que unos años después debió abandonar acosado por diversas dolencias físicas y mentales. Hasta el siglo XX, la filosofía de Nietzsche fue prácticamente ignorada.

Robert Nozick (1938–2002)

Nació en Brooklyn (EE UU) y se doctoró en filosofía por la Universidad de Princeton; luego dictó clases allí y en Harvard. Su obra más conocida, *Anarquía, estado y utopía* (1974), fue una réplica libertaria (que promovía los derechos del individuo) a *Teoría de la justicia* (1971), de su colega John Rawls.

Guillermo de Ockham (c. 1287–1347)

Se cree que nació en Ockham, un pueblo del sureste de Inglaterra. Fue fraile franciscano y estudió teología en la Universidad de Oxford, donde luego fue docente. A su principio lógico según el cual, ante explicaciones equivalentes, siempre hay que elegir la más sencilla se le llamó navaja de Ockham.

Parménides (c. 515–c. 450 a.C.)

Este filósofo de la antigua Grecia nació en Elea, en el sur de la actual Italia. Recibió la influencia de Jenófanes y fundó la escuela eleática de filosofía. Su única obra conocida es un poema épico metafísico titulado *Sobre la naturaleza*, aunque también aparece en un diálogo de Platón, en quien influyó de forma importante.

Charles Sanders Peirce (1839–1914)

Nació en Massachusetts (EE UU) y su padre fue un matemático y astrónomo brillante. Peirce, esencialmente científico, creía que el debate filosófico debía centrarse en hallar explicaciones satisfactorias y no verdades, y sobre esta base fundó el pragmatismo. Mantuvo amistad toda su vida con el también pragmático William James.

Pitágoras (c. 570–c. 495 a.C.)

Fue la primera persona que recurrió a las matemáticas para intentar explicar el universo, y sus teoremas matemáticos siguen vigentes hoy. Nació en la isla griega de Samos y más tarde se trasladó al sur de Italia, donde fundó una escuela filosófica y religiosa. Sus muchos seguidores se consagraron a la búsqueda del conocimiento y vivieron y trabajaron según unas normas estrictas, entre las que se encontraba la prohibición de comer alubias.

Platón (c. 420–347 a.C.) *Véanse* pp. 48–49

Karl Popper (1902–1994)

Nacido en Austria de padres judíos, Popper emigró a Nueva Zelanda en 1937, cuando el partido nazi fue una amenaza para la independencia de su país. Más tarde se nacionalizaría británico. Afamado filósofo de la ciencia, decía que el progreso científico pasa por poner teorías a prueba y descartar las que resulten falsas. En 1965 fue nombrado caballero.

Protágoras (c. 490–c. 420 a.C.)

Nació en Abdera (antigua Grecia), aunque pasó en Atenas la mayor parte de su vida. Fue el más destacado de los sofistas —un grupo de maestros e intelectuales itinerantes— y concibió la idea del relativismo, teoría según la cual la moralidad varía en función del contexto cultural o histórico. Cuenta la leyenda que más tarde se le acusó de ateísmo y, como resultado, sus libros fueron quemados y se le exilió de Atenas.

Hilary Putnam (1926–2016)

Oriundo de Chicago, pasó su infancia en Francia antes de volver a EE UU. Después de estudiar matemáticas y filosofía, se doctoró en esta última disciplina. Su carrera académica fue muy distinguida: en 1965 fue nombrado miembro de la Academia Estadounidense de Artes y Ciencias y, en 1976, fue elegido presidente de la American Philosophical Association. Su labor más conocida se centró en la filosofía de la mente.

John Rawls (1921–2002)

John Rawls nació en Maryland (EE UU). Estudió en la Universidad de Princeton y sirvió en el ejército durante la Segunda Guerra Mundial antes de regresar con el objetivo de doctorarse en filosofía moral. A continuación estudió en Oxford, donde recibió la influencia de Isaiah Berlin. Su obra principal, *Teoría de la justicia* (1971), donde defiende la idea de «justicia como ecuanimidad», fue importante para el resurgimiento del estudio de la filosofía moral y política.

Jean-Jacques Rousseau (1712–1778)

Nació en el seno de una familia calvinista de Ginebra (Suiza) y, a los 16 años, huyó de su casa para irse a Francia, donde se ganó la vida como profesor particular, músico y escritor. Luego pasaría a integrar el famoso grupo de intelectuales franceses que incluyó a Diderot y Voltaire. Creía que la sociedad limita nuestras libertades naturales y que sin ella viviríamos todos juntos en armonía. Su controvertido enfoque influyó mucho en la Revolución francesa, así como en el pensamiento político y sociológico moderno.

Bertrand Russell (1872–1970)

Nacido en el seno de una influyente familia liberal aristocrática británica, fue ahijado de John Stuart Mill. En la Universidad de Cambridge tuvo de profesor a Alfred North Whitehead, que colaboró con él en sus *Principia Mathematica*. Más tarde sería profesor de Ludwig Wittgenstein en el mismo Cambridge. Además de contribuir de forma decisiva a la lógica filosófica, la epistemología y la filosofía de las matemáticas, Russell fue un afamado activista social. En 1950 obtuvo el Nobel de literatura.

Gilbert Ryle (1900–1976)

Este filósofo británico nacido en una próspera familia estudió en la Universidad de Oxford, donde luego fue profesor hasta la Segunda Guerra Mundial, cuando se presentó voluntario y sirvió en el área de inteligencia. A Ryle se le conoce por criticar la inclinación humana a considerar la mente como un elemento no físico del cuerpo, lo que él llamó un «fantasma en la máquina» en su obra de 1949 *El concepto de lo mental*.

Jean-Paul Sartre (1905–1980)

Este filósofo existencialista nació en París y estudió en la École normale supérieure, donde conoció a Simone de Beauvoir, su compañera de toda la vida. Fue profesor hasta la Segunda Guerra Mundial, cuando sirvió en el ejército y fue brevemente encarcelado antes de unirse a la resistencia. Tras de la guerra, su obra se volvió más política, aunque siguió escribiendo teatro, novela y textos filosóficos. En 1964 ganó el Nobel de literatura, pero lo rechazó.

Arthur Schopenhauer (1788–1860)

Nació en una acaudalada familia alemana. Enseñó filosofía en la Universidad de Berlín en la misma época que Georg Hegel, a quien despreciaba. De carácter pesimista, es famoso por la obra *El mundo como voluntad y representación*, y por la teoría de que la realidad consta de un mundo que podemos experimentar (el mundo de la representación) y otro que no (el de la voluntad).

John Searle (n. 1932)

A este filósofo estadounidense se le conoce por su experimento mental de la «habitación china», un desafío al concepto de una inteligencia artificial verdaderamente inteligente. También es muy reconocido por sus contribuciones a la filosofía del lenguaje y a la de la mente, y ha sido merecedor de numerosos premios y títulos honoris causa.

Peter Singer (n. 1946)

Los padres de Singer, judíos, emigraron a Australia en 1938 para evitar la persecución nazi en su Austria natal, por lo que Singer creció en Melbourne. Filósofo moral y político, es conocido sobre todo por sus ideas sobre los derechos de los animales y su convicción de que estos sufren igual que los humanos. También ha abordado cuestiones como la eutanasia, el aborto o la igualdad social.

Sócrates (469-399 a.C.) *Véanse pp. 122-123*

Susan Sontag (1933–2004)

Su verdadero nombre era Susan Rosenblatt. Nació en Nueva York y obtuvo su postgrado en filosofía en Harvard. Enseñó esta disciplina antes de dedicarse por completo a la escritura. Es reconocida por sus ensayos sobre la cultura moderna, sobre todo por los que tratan de arte y estética, que se centran en el problema de cómo interpretar las imágenes.

Benedictus de Spinoza (1632–1677)

Hijo de judíos nacido en Ámsterdam, el criticismo de Baruch (más tarde Benedictus) Spinoza respecto a la religión organizada le granjeó el rechazo de la comunidad judía a los 23 años. Fue un racionalista influido por René Descartes, y muchas de sus ideas eran tan radicales que solo se publicaron completas después de su muerte. Llevó una vida frugal y murió de tisis.

Tales de Mileto (c. 624–c. 546 a.C.)

De Tales, considerado el primer filósofo occidental, se sabe que nació y vivió en Mileto, pero muy poco más. No ha llegado a nosotros ninguno de sus textos. Sin embargo, tanto Aristóteles como Diógenes Laercio hablan de él con cierto detalle, y es conocido por afirmar que todo se compone en última instancia de agua.

Harriet Taylor (1807–1858)

A Harriet Taylor, nacida en Londres (Inglaterra), se la conoce como autora de textos sobre los derechos de las mujeres, la sexualidad y la política, y por su convicción de que a las mujeres se les debía permitir vivir y trabajar en las mismas «esferas» que los hombres. Se casó con Stuart Mill tras una larga relación y gran parte de la obra de Taylor se publicó firmada por él.

Henry Thoreau (1817–1862)

Thoreau nació en Massachusetts (EE UU) y estudió en Harvard. Trabajó como profesor y luego en la fábrica de lápices de su padre, mientras vivía de forma intermitente en la finca de su amigo y maestro Ralph Waldo Emerson. Escribió más de 20 volúmenes sobre filosofía e historia natural, que contribuyeron al posterior movimiento ambientalista. Las ideas de su ensayo «Desobediencia civil» influyeron a muchos líderes de movimientos de resistencia, incluidos Mahatma Gandhi y Martin Luther King.

Alan Turing (1912–1954)

Este matemático y lógico británico, pionero de la inteligencia artificial, creó lo que luego se conocería como el test de Turing para determinar si las máquinas son capaces o no de pensar. Durante la Segunda Guerra Mundial, desempeñó un papel fundamental descifrando mensajes en clave emitidos por la máquina alemana Enigma. En 1952 fue condenado por homosexualidad (entonces considerada delito) y, dos años más tarde, se suicidó.

Alfred North Whitehead (1861–1947)

Nacido en Kent (Inglaterra), estudió matemáticas en la Universidad de Cambridge, donde fue profesor durante 25 años. Uno de sus alumnos fue Bertrand Russell, con quien trabó amistad; más tarde colaborarían en la célebre obra de lógica matemática *Principia Mathematica*. Luego, Whitehead se fue centrando cada vez más en la filosofía de la ciencia y, por último, en la metafísica.

Ludwig Wittgenstein (1889–1951) *Véanse pp. 106–107*

Mary Wollstonecraft (1759–1797)

Nacida en Londres, era hija de un granjero y se la considera una de las fundadoras de la filosofía feminista. Su obra más famosa es *Vindicación de los derechos de la mujer* (1792), donde afirma que las mujeres no son por naturaleza inferiores a los hombres, sino que lo parecen porque no reciben la educación adecuada. Murió a los 38 años, diez días después de dar a luz a su segunda hija, Mary Shelley, autora de *Frankenstein*.

Zenón de Elea (c. 495–c. 430 a.C.)

Filósofo y matemático griego, es famoso por sus paradojas y, en especial, por su empeño en demostrar que el movimiento es imposible. Aristóteles lo calificó de «padre de la dialéctica», lo que sin duda atestigua su habilidad para discutir. Zenón defendió con firmeza la teoría de su maestro Parménides de que el universo se compone de una sola sustancia inmutable.

Glosario

Glosario

Afirmaciones contradictorias
Dos afirmaciones son contradictorias cuando la verdad/falsedad de una implica la falsedad/verdad de la otra. Si una es verdadera, la otra tiene que ser falsa.

Afirmaciones contrarias
Dos afirmaciones son contrarias cuando no pueden ser verdaderas las dos, pero sí pueden ser falsas ambas.

Alma
Parte espiritual e inmaterial del ser que se cree que vive después de la muerte.

Antropomorfismo
Atribución de características o comportamientos humanos a algo que no lo es, como un animal.

Areté
En la filosofía de la antigua Grecia, concepto que comprende la excelencia y la virtud.

Argumento
En *lógica*, proceso de *razonamiento* que infiere una *conclusión* a partir de una o más *premisas*. Esas *premisas* deberían respaldar la *conclusión*.

Conclusión
Parte final de un *argumento* lógico que se infiere de las *premisas*.

Consecuencialismo
En *filosofía moral*, idea de que la moralidad de una acción debería juzgarse por sus resultados.

Contrato social
Acuerdo implícito entre los miembros de una sociedad de colaborar para alcanzar objetivos que beneficien al grupo en su conjunto, en ocasiones a expensas de individuos que lo integran.

Cosa-en-sí
Lo que un objeto es en realidad, y no lo que es según lo perciben nuestros sentidos. Otro término para *noúmeno*.

Cualidades primarias y secundarias
En la filosofía de John Locke, todo objeto posee cualidades primarias, que se pueden medir independientemente de la experiencia (como el tamaño), y secundarias, que vienen determinadas por la experiencia personal de ese objeto (como el color).

Deducción
Método por el cual se extrae una *conclusión* particular a partir de una norma general. La conclusión de un *argumento* obtenida por deducción siempre es válida, a diferencia de la obtenida por su opuesto, la *inducción*.

Dialéctica
En la antigua Grecia, método para buscar la verdad debatiendo ideas con personas con diferentes puntos de vista.

Dualismo
La convicción de que existen dos tipos de *sustancia*.

Dualismo de atributos
La concepción de que los objetos físicos poseen propiedades no físicas, como las mentales.

Dualismo mente-cuerpo
Punto de vista según el cual mente y cuerpo son dos *sustancias* separadas.

Empirismo
Orientación según la cual el conocimiento de todo lo que es externo a la mente se adquiere por medio de la experiencia sensitiva.

Epistemología
Rama de la filosofía que se ocupa de qué es el conocimiento, qué podemos conocer y cómo podemos saber qué sabemos.

Escepticismo
Corriente que niega que tengamos o podamos tener conocimiento de un área concreta. Por ejemplo, los escépticos respecto al *mundo* exterior dicen que no podemos conocer el mundo que está fuera de nuestra mente.

Esencia
La verdadera naturaleza de algo; aquello que hace que sea lo que es.

Estética
Rama de la filosofía que se ocupa de qué se considera bello o artístico.

Ética
Estudio del comportamiento correcto e incorrecto y de los principios morales que lo gobiernan. También se conoce como *filosofía moral*.

Existencialismo
Corriente filosófica del siglo XX que reflexiona sobre la existencia humana y la búsqueda de un significado o meta en la vida.

Experimento mental o conceptual
Situación imaginaria que se concibe con el propósito de poner a prueba una *hipótesis*.

Falacia
Razonamiento falso con apariencia de verdadero.

Falsabilidad
Una afirmación o serie de afirmaciones es falsable si se puede demostrar que es falsa mediante una prueba empírica.

Fenómeno
Aquello que podemos experimentar. Lo opuesto a *noúmeno*.

Filosofía de la mente
Rama de la filosofía que estudia la naturaleza de la mente, los procesos mentales, la conciencia y la relación de la mente con el cuerpo físico.

Filosofía moral
También llamada *ética*, es la rama de la filosofía que examina las ideas de correcto e incorrecto, bueno y malo, y la base moral de nuestros actos y juicios.

Filosofía política
Rama de la filosofía que examina la naturaleza y los métodos del Estado, incluidos los conceptos de justicia, política y orden social.

Fisicalismo
Punto de vista según el cual, en último término, todo es físico.

Nuestras experiencias mentales, por ejemplo, pueden explicarse mediante el funcionamiento físico de nuestro cerebro.

Forma lógica
En *lógica*, estructura de un *argumento*.

Glándula pineal
Pequeña glándula del cerebro con forma de piña. René Descartes creía que era el punto donde la mente se conecta con el cerebro.

Hipótesis
Explicación propuesta que está por investigar.

Idealismo
Concepción según la cual la realidad está compuesta en último término por las mentes y sus ideas, y no por objetos materiales. El punto de vista opuesto es el *materialismo*.

Inducción
Método por el cual se infiere una *conclusión* de una o más *premisas*, las cuales tienen que respaldar la *conclusión*, aunque no implicarla lógicamente.

Inferencia
Conclusión extraída por medio de un *argumento* a partir de unas *premisas*.

Liberalismo
En *filosofía política*, convicción de que la sociedad debe proteger la libertad e igualdad individuales.

Lógica
Rama de la filosofía que estudia el *argumento racional*, incluyendo cómo construir un buen *argumento* e identificar fallos en *argumentos*.

Lógica difusa
Sistema de *lógica* que se ocupa de las *medias verdades*, a las que permite expresar en un continuo entre verdadero y falso.

Materialismo
Doctrina según la cual, en último término, todo es material. Lo opuesto a *idealismo*.

Media verdad
Declaración parcialmente cierta.

Metafísica
Rama de la filosofía que se ocupa de la naturaleza fundamental de la realidad.

Monismo
Punto de vista según el cual, en última instancia, existe una sola *sustancia*.

Moralidad
Principios que determinan el comportamiento correcto o incorrecto, bueno o malo.

Mundo
En filosofía, las palabras «mundo», «cosmos» y «universo» se usan a menudo para referirse al conjunto de la realidad que podemos experimentar. En ocasiones, los filósofos hablan también de diferentes «mundos», como el de los *fenómenos* o el de los *noúmenos*

Mundo de las ideas (o formas)
Según la filosofía de Platón, *mundo* separado de este en que vivimos y que contiene las formas ideales de las cosas. Nosotros solo podemos llegar a ver reflejos imperfectos de esas formas perfectas.

Noúmeno
Una *cosa-en-sí*, que existe independientemente de nuestra experiencia, más allá del ámbito de nuestra mente. Lo opuesto a *fenómeno*.

Paradoja
Un *argumento* que, pese a parecer sólidamente *razonado* a partir de unas *premisas* aceptables, conduce a una *conclusión* que resulta absurda.

Pragmatismo
Corriente filosófica que hace hincapié en la utilidad del conocimiento; en el marco de esta corriente, una teoría o convicción es eficaz si se puede aplicar en la práctica.

Premisa
Punto de partida de un *argumento*. Cualquier *argumento* debe partir de, al menos, una *premisa*; por ejemplo: «Todos los hombres son mortales».

Principio del daño
Propuesto por John Stuart Mill, es la idea de que las personas deben ser libres para hacer lo que les plazca, en la medida en que no perjudiquen a otros ni limiten su libertad para hacer lo mismo.

Proposición
Aquello que se declara cuando se hace una afirmación. Las proposiciones pueden ser verdaderas o falsas.

Proposición analítica
Proposición que es verdadera en virtud del significado de las palabras con que se expresa, como en «Todos los sementales son machos». La opuesta a la *proposición sintética*.

Proposición sintética
Proposición que no es verdadera en virtud del significado de las palabras con que se expresa. La opuesta a la *proposición analítica*.

Prueba
Argumento que establece la veracidad de su *conclusión* más allá de toda duda.

Racional
Que está basado en los principios y el uso de la *lógica* y la razón, o al menos no es contrario a ellos.

Racionalismo
Orientación según la cual todo conocimiento se adquiere por medio del pensamiento *racional* o el *razonamiento*. A la corriente contraria se la conoce como *empirismo*.

Razonamiento
Reflexión que se hace acerca de algo de una manera lógica y *racional*.

Relativismo
Concepción según la cual la veracidad o falsedad de algo depende del contexto cultural, social o histórico.

Silogismo
Forma de *razonamiento* en la que se extrae una *conclusión* a partir de dos *premisas*. Un ejemplo de silogismo es: «Todos los hombres son mortales. Sócrates es un hombre. Por lo tanto, Sócrates es mortal».

Sustancia
Aquello que es capaz de existir por sí mismo. Por ejemplo, una sustancia mental podría existir por sí misma, sin ninguna sustancia física. Según los materialistas, existe un solo tipo de sustancia: la material. Para los dualistas, existen dos tipos de sustancia: la mental y la física.

Utilitarismo
Teoría de la *filosofía moral* y *política* que juzga la *moralidad* de una acción por sus consecuencias, y considera que el resultado más deseable es el que comporta un beneficio mayor para la mayoría.

Validez
Se dice que un *argumento* es válido si su *conclusión* se sigue lógicamente de sus *premisas*. Esto no significa que la *conclusión* sea verdadera.

Verdad contingente
Algo que puede darse o no. Lo opuesto a *verdad necesaria*.

Verdad de hecho
Afirmación verdadera que no se puede establecer solo con la razón (a diferencia de la *verdad de razonamiento*).

Verdad de razonamiento
Afirmación que se puede establecer como verdadera por medio de la razón sola (a diferencia de la *verdad de hecho*).

Verdad necesaria
Algo que tiene que darse. Lo opuesto a *verdad contingente*.

Verificabilidad
Una afirmación se puede verificar si es demostrable que es cierta.

Zombi
En filosofía, una persona de apariencia y comportamiento como el de cualquier ser humano, pero que carece de conciencia.

Índice

Agradecimientos

Dorling Kindersley desea agradecer a John Searcy por la revisión y a Jackie Brind por el índice.

Los editores agradecen a las siguientes personas e instituciones el permiso para reproducir sus imágenes:

(Clave: a–arriba; b–abajo; c–centro;
e–extremo; i–izquierda; d–derecha; s–superior)

6 Corbis: Lawrence Manning (ecd). Fotolia: dundanim (ci). iStockphoto.com: traveler1116 (eci). 7 Getty Images: Image Source (ci/científica). iStockphoto.com: chicos (cd). 10 Alamy Images: Blend Images. 13 Dorling Kindersley: Rough Guides / Brice Minnigh (bd). 15 Corbis: George Tatge / Alinari Archives (sd). 17 Corbis: Richard T. Nowitz (bd). 19 Dorling Kindersley: Sir John Soane's Museum, Londres (bd). 21 Corbis: Stephen Simpson (bd). 25 Dreamstime.com: Eric Isselee (bd/león, bd/tigre). 33 Corbis: Hyungwon Kang / Reuters (bd). 35 Dorling Kindersley: Rough Guides / Roger Norum (cda). 38 Corbis: Halfdark / fstop. 40 Science Photo Library: Laguna Design (bi). 42 Fotolia: Paul Paladin (bi). 47 Dorling Kindersley: Birmingham Buddhist Vihara (bd). 51 Alamy Images: AF archive (bd). 64–65 Alamy Images: Henry Arden / Cultura Creative (RF). 67 Fotolia: Valdis Torms (bd). 79 Alamy Images: Photos 12 (bd). 88 Alamy Images: Image Source / ISO26617R. 95 Dorling Kindersley: Science Museum, Londres (bc). 99 Wikipedia: (sd). 101 Alamy Images: Hugh Threlfall (sd). 104 Pearson Asset Library: Pearson Education Ltd / Jules Selmes (b). 106–107 Getty Images: Hulton Archive / Dorling Kindersley (artwork). 111 Alamy Images: Brian Hagiwara / Brand X Pictures (bd). 116 Alamy Images: YAY Media AS / BDS. 118: Dorling Kindersley: Whipple Museum of History of Science, Cambridge (bi). 122–123 Getty Images: G. Dagli Orti / De Agostini / Dorling Kindersley (artwork). 132 Corbis: Alfredo Dagli Orti / The Art Archive (bi). 137 Alamy Images: Everett Collection Historical (bd). Dorling Kindersley: Corbis / Hulton-Deutsch Collection. 141 Corbis: Leonard de Selva (bd). 143 Corbis: Chris Hellier (sd). 144 Dorling Kindersley: Rough Guides / Lydia Evans (b).

Las demás imágenes © Dorling Kindersley
Para más información: www.dkimages.com